SHODENSHA
SHINSHO

一九四四年の東條英機

岩井秀一郎

祥伝社新書

はじめに——日本近代史における一九四四年

昭和十九（一九四四）年二月十八日午後十時、内大臣・木戸幸一《きどこういち》のもとを、総理大臣兼陸軍大臣の東條英機が訪ねてきた。太平洋戦争の戦局が不利になっており、それへの方策を説明するためだ。

方策の一つは閣議を宮中で開くことを含む「内閣改造」、もう一つが「統帥《とうすい》一元強化」だが、問題は後者である。東條は、木戸に次のように語った。

杉山《すぎやま》〔元《はじめ》参謀〕総長の辞任を求め、東條首相陸軍大将の資格に於《お》て兼任せんとす——負担の増大ついては御許しを得ば次長を二人（作戦、後方兵站《へいたん》）とし、一人を大将級を以《もつ》てする大次長とす。軍令部総長の問題には直には触れず、海軍大臣に其《そ》の意図を予《あらかじ》め話すに止《とど》む。但《ただ》し交迭《ママ》は寧《むし》ろ歓迎するところなり。

（木戸幸一『木戸幸一日記 下巻』）

陸軍大臣である東條が参謀総長の杉山元を辞任させ、これを兼任。海軍側にはこの方策を要請しないが、それとなく促《うなが》す。つまり、軍政（予算や人事など軍事行政。陸軍省と海軍省）と軍令（作戦、用兵など統帥権《とうすいけん》。参謀本部と軍令部）を、陸海軍それぞれ一人で担当するということだ。

大日本帝国憲法では天皇が政府を総攬《そうらん》し（統治権）、また大元帥《だいげんすい》として軍を率《ひき》いた（統帥権）。大雑把《おおざっぱ》に言えば、政府と軍部が並立しており、さらに軍部のなかでも軍政と軍令が分かれていたわけだ。もちろん、天皇が直接軍を動かすわけではなく、それぞれ担当者が輔弼《ほひつ》することで成り立っていた。

このように、軍政と軍令はそれぞれ分離していたため、陸軍や海軍を一つにまとめる人間は存在しなかった。東條が木戸に説明した措置は、この状況を改善しようとするものだった。東條はすでに首相と陸相を兼摂《けんせつ》していたから、さらに統帥部トップの参謀総長まで兼ねると、その権力は一見絶大なものになる。事実、明治維新以来、首相・陸相・参謀総長の三職を一人で担《にな》った人物はいない。

このことは大きな反響を呼び、東條に反感を持っていた人々は激しく反発した。たとえば、細川護貞《ほそかわもりさだ》（近衛文麿《このえふみまろ》の女婿、細川護熙《もりひろ》元首相の父）は、次のように非難している。

憲法上の重大問題ならんも、実は憲法は今日《こんにち》既に有名無実にして、徒《いたずら》に残骸《ざんがい》と虚名を残すのみ。次に東条が望むものは、道鏡《どうきょう》の地位か。

（細川護貞『細川日記(上)』）

大日本帝国憲法下の政府と軍部

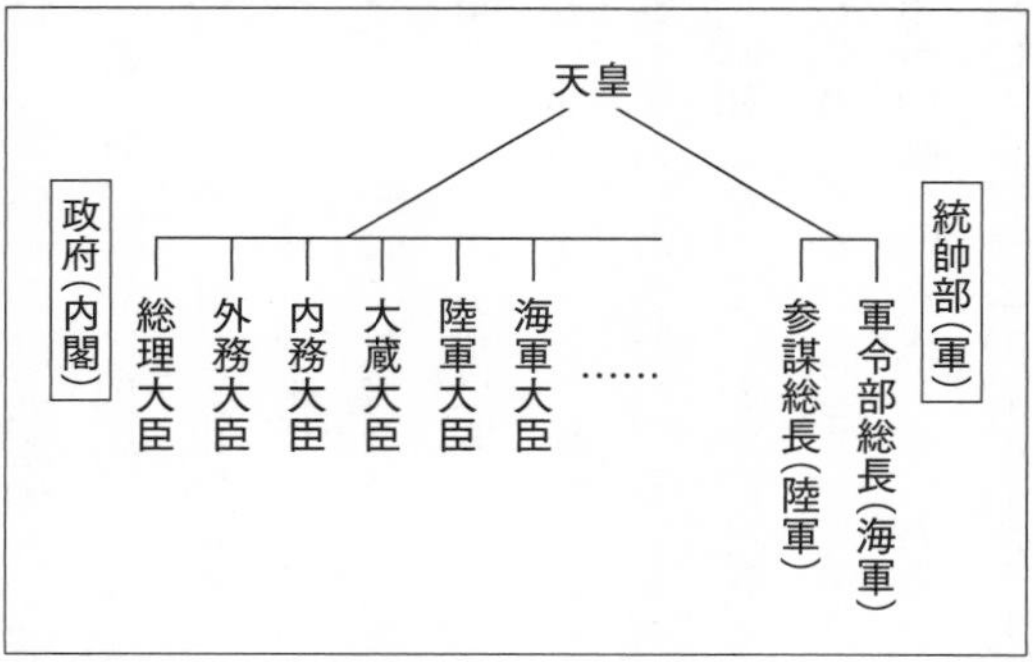

道鏡は奈良時代の僧侶で、女性天皇の孝謙《こうけん》天皇に取り入り、皇位簒奪《さんだつ》を企《たくら》んだと言われることもあるから、天皇に忠実であろうとする東條にとって、これ以上ない侮辱だろう。「総長兼任」はそれほどの波紋を起こした。そうまでして、なぜ東條は押し切ったのだろうか。

しかも、三職兼任から半年も経《た》たない同年七月二十二日に、東條内閣は崩壊する。兼任を権力の頂点とすれば、あとは坂道を下るしかないが、あまりにも短い頂点である。

先に述べたように、東條が軍政と軍令を一手に握ったのは、太平洋戦争の戦局が悪化してからのことだ。つまり、戦勢が有利な時にはこの措置は必要とされなかったということになる。一般的に、欠点は状況が不利になった時に露《あら》わになる。

軍政と軍令の分離は明治十一（一八七八）年に始まり、幾度か大きな問題を起こしてきたが、東條に至るまで統一されることはなかった。詳しくは本文で述べるが、この「明治のシステム」の欠陥は、そのシステムを作った人間たちが考えもしなかった弊害をもたらし、昭和になって、わが国を苦しめることになる。

皮肉なことに、「明治のシステム」のなかで頂点をきわめ、誰にもできなかった「軍政と軍令の統一」を成《な》し遂《と》げた東條は、システムの設計者たちを強く憎んでいた。

東條とシステムの設計者たちとの因縁《いんねん》は、英機の父である英教《ひでのり》から始まる。明治維新で「賊軍《ぞくぐん》」となった盛岡《もりおか》藩出身の英教は明治維新後に陸軍に入るが、やがてシステムの設計者たちからはじかれ、不満を抱きつつ軍歴を終えた。

いっぽう、英機は頂点をきわめたあとに、システムの欠陥に悩まされた。東條父子の生涯はまさしく、「明治のシステム」に翻弄《ほんろう》されたと言える。

明治維新から敗戦までの七七年間、そのなかで、一九四四年は近代日本の矛盾《むじゅん》を東條英機が体現した年だった。つまり、東條の権力の頂点から失脚までの数カ月を追うことで、近代日本の問題点が見えてくる。

はたして、東條父子、そして昭和の日本に影響をおよぼした「明治のシステム」とはいかなるものだったのか。東條が巨大な権力を手中に収めたかに見え、「明治のシステム」の欠陥が表出する一九四四年を追う前に、まずはその始まり、父・英教の生涯から見ていきたい。

二〇二〇年九月

岩井《いわい》秀一郎《しゅういちろう》

目次

第三章　東條包囲網　1943年

第四章　集中する権力　1944年

第五章　崩壊　1944〜1945年

終章　近代日本の限界

注記　引用文の旧漢字・旧かなづかいは現行のものに、一部の漢字をひらがなに改め、ふりがなをつけた。句読点等も一部加除している。〔　〕は筆者の補足である。年齢は数え年とした。

本文デザイン
盛川和洋

図表デザイン
篠 宏行

写真出所 ※数字は掲載ページ
朝日新聞社／27、103、165
共同通信社／65、111
時事通信フォト／187
毎日新聞社／39
『東條英機』(東條英機刊行会・上法快男編)／15
『東條英機と世界維新』(篁東陽著)／13

第一章

反長州閥の血

1855〜1913年

陸軍歩兵少尉時代の東條英機

陸軍大学校一期生・首席

東條英教は安政《あんせい》二（一八五五）年十一月、盛岡藩士・東條英俊の長男として生まれた。東條家は代々宝生《ほうしょう》流の能楽師《のうがくし》を務めてきたが、英俊の代に辞めている。

英教の生まれた二年後、幕府の大老・井伊直弼《いいなおすけ》による「安政の大獄」が起きる。吉田《よしだ》松陰《しょういん》らが処刑・弾圧されたこの事件は、幕末の象徴的な事件の一つだろう。井伊はこれがもとでのちに江戸城の桜田門外《さくらだもんがい》で暗殺された。

以後、幕府は外国からの圧迫や薩摩《さつま》藩・長州《ちょうしゅう》藩をはじめとする雄藩《ゆうはん》への対応に手を焼き、ついに慶応《けいおう》三（一八六七）年十月、政権を朝廷に返上し、徳川の世《よ》は終わりを告げた。いわゆる大政奉還《たいせいほうかん》である。

しかし、混乱は収まらず、新政府側と旧幕府側との間で戊辰《ぼしん》戦争が勃発。東條家が仕える盛岡藩は、会津《あいづ》藩や米沢《よねざわ》藩と共に奥羽越列藩《おううえつれっぱん》同盟を結成して新政府に対抗するが、敗北して減封の憂《う》き目に遭《あ》う。

このような状況下、英教は一八歳で上京。陸軍教導団に入り、一年半を過ごした。教導団とは、下士官を養成するための教育機関である。英教は教育を終えると、熊本鎮台《くまもとちんだい》の歩兵第二六大隊附《づき》となる。ここで遭遇したのが、西郷隆盛《さいごうたかもり》を擁《よう》した最大の士族の反乱・西南《せいなん》戦争である。

英教はこの戦いでの功績を認められ、戦後に少尉試補となり、福岡の小倉《こくら》に勤務した。万徳寺《まんとくじ》の住職の娘チトセと結婚したのは、英教二五歳の時である。その後、歩兵の養成・訓練を行なう陸軍戸山《とやま》学校の教官として中央に戻されると、参謀本部勤務などを経《へ》て、明治十六（一八八三）年四月に設立されたばかりの陸軍大学校（以下、陸大）に入学する。

東條英教

安政2(1855)〜大正2(1913)年。陸軍教導団を経て、陸大1期を首席卒業。写真は、陸軍中将の正装

陸大は参謀将校を養成する教育機関であり、軍の中核を担う人物が多く輩出される。英教はその一期生であっただけでなく、卒業時の成績は首席であった。同期には、日露戦争で参謀として児玉源太郎《こだまげんたろう》を支えた井口《いぐち》省吾《しょうご》、司馬遼太郎《しばりょうたろう》の小説『坂

の上の雲』の主人公の一人として知られる秋山好古《あきやまよしふる》など、錚々《そうそう》たるメンバーが揃ってい た。英教は彼らを凌《しの》いで、見事トップの座に就《つ》いたのだ。

英教が陸大在学中の明治十七（一八八四）年七月三十日（戸籍上は十二月三十日）に生まれたのが、英機だった。英機は英教にとって三番目の男子だったが、上二人が生後まもなく亡くなったため、実質的には長男だったと言えるだろう。

英教は陸大卒業後、ドイツ留学や陸大教官などを経て、中佐の時に征清大総督府《せいしんだいそうとくふ》附の参謀として日清戦争を迎える。戦後には大佐に昇進し、参謀本部第四部長（戦史担当）となるのだが、ここで参謀次長の寺内正毅《てらうちまさたけ》と対立する。

寺内は山県有朋《やまがたありとも》・桂太郎《かつらたろう》に次ぐ長州閥の大物であり、のちに首相として内閣を組織している。軍人としては最高位である元帥陸軍大将となり、爵位（伯爵《はくしやく》）も得た。ちなみに、息子の寿一《ひさいち》も元帥となっており、皇族以外で親子二代で元帥府に列せられた唯一の例である。この寺内と対立したのが、東條英教にとって不幸の始まりだった。

川上操六との出会い

明治陸軍を代表する軍人の一人に、川上操六《かわかみそうろく》がいる。嘉永《かえい》元（一八四八）年に薩摩藩士の子として生まれた川上は戊辰戦争にも従軍しており、明治陸軍を形作った一人と言えるだろう。たとえば、川上と親交のあった著名なジャーナリストの徳富蘇峰《とくとみそほう》（本名・猪一郎《いいちろう》）は、次のように川上を評している。

日本の参謀本部は彼によって初めて其《そ》の真面目《しんめんぼく》を発揮した。而《しか》して彼の時代が日本参謀本部の全盛期であった。

（徳富猪一郎『陸軍大将 川上操六』）

この川上が才能を見込んだのが、東條英教だった。そして、英教も「一にも二にも川上閣下」（安井滄溟『陸海軍人物史論』）と言うほど、川上を尊敬していた。それは息子の英機にも伝わっていたようで、首相在任中（昭和十八年九月二十三日）の英機が書類に目を通したり決済したりした日時を記入することについて秘書官から問われた際、次のように答えたことからもわかる。

「書類に決定の年月日を記入することは実は、父［東條英教］が川上操六将軍から常々《つねづね》そうすべき旨《むね》を教えられた由《よし》を父から云《い》ってきかされたものだ。月日が経つとやがてごっちゃになって物の推移がわからなくなるものだ。書類に年月日を記入することは大切なことだ」（伊藤隆・廣橋眞光・片島紀男編『東條内閣総理大臣機密記録』）

息子にまで教えを伝えた英教の、川上への尊敬の度合いがうかがえる話である。非藩閥で「賊軍」出身である英教にとって、自分の才能を認めてくれる薩摩閥の大物の存在はありがたかったに違いない。川上は日清戦争の際に参謀次長のまま征清大総督府参謀長となっていたから、英教はその側《そば》にいたことになる。

前述のように、英教は日清戦争後に参謀本部第四部長に就任するが、その時に日清戦争の戦史編纂を担当した。『征清用兵《せいしんようへい》 隔壁聴談《かくへきちょうだん》』と名づけられた書は、英教の後任である大島健一《おおしまけんいち》（駐独大使・大島浩《ひろし》の実父）の時に完成するが、英教は編纂方針をめぐって、参謀次長の寺内正毅と対立した。

大島によれば、「東條戦史」には、天皇の文武統一の大権に疑問を抱かせかねないこと、開戦の詔勅《しょうちょく》と矛盾する記述があること、いくつかの作戦を批判していることなどの問題があり、分量もかなり圧縮されたという（大澤博明「『征清用兵　隔壁聴談』と日清戦争研究」）。

英教と寺内の対立点については、『元帥寺内伯爵伝』に井口省吾の証言が残されている。英教は報告書の「戦闘情報の往々《おうおう》にして正確ならざるもの」があるので、戦跡の実地調査を願い出たが、寺内は次のように述べて認めなかった。

報告書は既に報告書として認められているものである、今更《いまさら》戦跡実地調査に人を派遣するの必要はあるまい、殊《こと》に戦跡を調査するとしても当時と情態を変じている所もあるであろう。寧《むし》ろ戦闘情報を根拠として戦史を編纂した方が得策である、而《しか》して若《も》し疑念の生ずるが如《ごと》きものがあったならば之《これ》は欄外に記載して註を添えて置けばよい。

（黒田甲子郎編『元帥寺内伯爵伝』）

しかし英教は譲《ゆず》らず、「両者とも職を賭《と》して」意見をぶつけ合った（同書）。結局、英教が折れたものの、しこりは残ったと思われる。しかも、英教に目をかけてくれていた川上は、英教が第四部長に就任直後の明治三十二（一八九九）年五月に死去しており、庇《かば》ってくれる上級者はいなくなっていた。

陸軍を去る

明治三十四（一九〇一）年五月、少将で兵庫・姫路《ひめじ》の歩兵第八旅団長になった英教は、そのまま日露戦争に出征する。所属する師団は第一〇師団、師団長は川村景明《かわむらかげあき》。

しかし、まだ戦争中の同年九月、英教は内地に送還されてしまう。その理由についてはさまざまに語られているが、その一つに、英教には「実戦で部隊を指揮する能力に欠けていた」というものがある。たとえば、大正五（一九一六）年に書かれた書籍では、次のように記されている。

三十七八年戦役〔日露戦争〕に出征するや、部下を統御するの方法其宜《そのよろ》しきを得ず、為《た》めに戦地にあっての評判は頗《すこぶ》る芳《かん》ばしからざるものありき。それかあらぬか渠《かれ》中途にして帰還を命ぜざるるに至れり。（安井『陸海軍人物史論』）

英教は学識、つまり軍事理論や戦史については陸軍部内に比類がないと評価されていた。対して、実戦の指揮能力には疑問が持たれていたようだ。後年、息子の英機が組閣した際、英教の講義を受けたことのある陸軍大将の宇垣一成《うがきかずしげ》はかつてを思い出して「学問はすぐれていたが、実戦の方は大して上手ではなかった」と批評している（宇垣一成『宇垣一成日記3』）。

日露戦争後の明治三十九（一九〇六）年、英教は歩兵第三〇旅団長として韓国駐箚《ちゅうさつ》軍司令官である長谷川好道《はせがわよしみち》陸軍大将（のちに元帥、長州藩出身）のもとに赴《おもむ》く。しかし、これが運命の分かれ道となった。長谷川はやや問題のある人物だったようで、次のような司令官時代の行状《ぎょうじょう》が伝わっている。

酒食に耽溺《たんでき》して司令官の威厳を傷《きず》つくること甚《はなは》だしきのみならず、上の為《な》す処《ところ》下自《おのずか》ら之《これ》に倣《なら》い下僚中競《きそ》うて痴態を演ずる者相継《あいつい》で生じ、軍隊の紀綱《きこう》大に弛緩《しかん》するに至りたれば……。

（鵜崎熊吉『薩の海軍・長の陸軍』）

司令官である長谷川が遊びふけっているものだから、その部下もまじめに仕事はしない。英教はこれが我慢できず、ある宴会の席で長谷川に諫言《かんげん》した。

斯《かか》るは之《これ》を小にしては即《すなわ》ち閣下の為《た》め不利なるのみならず、之を大にしては則《すなわ》ち帝国陸軍の損害ならずとせず。……閣下請《こ》う責務の重且《かつ》大なるを思い反省せよ。（同書）

この諫言には、長谷川も「面《おも》を背《そむ》け忸怩《じくじ》として一語なからしめたりき」（同書）というから、返す言葉もなかったのだろう。

このような「正論」は「建前」として正しいがゆえに反論しにくく、そのぶん言われた側に恨みが残る。人間的に練《ね》られた人物であればここまで「建前」を押し出さず、「本音」をやわらかに包んで、たしなめるだろう。しかし、英教にはそれができなかった。一本気で、直言の男。こうした部分は、息子の英機にも受け継がれているように思える。

英教は明治四十（一九〇七）年三月まで韓国にあったが、同年十一月に中将進級と同時に予備役に編入された。これは「名誉進級」と呼ぶべきもので、中将に対応する職務を与えられたわけでも、仕事をしたわけでもない。

受け継がれた反骨

英教が予備役となった理由は何か。当時から噂《うわさ》になっていたのは、寺内や長谷川といった長州閥との対立、特に寺内に睨《にら》まれたというものだ。

東條の敵は寺内なりき。渠《かれ》は寺内によって参謀本部を追われ、又《また》寺内によって現役より葬《ほうむ》られたり。素《もと》より渠が現役より葬られしは駐韓軍司令官当時の長谷川好道と衝突せしことも確かに其《その》一原因をなせども、渠にして寺内に睨まるることなくば尚《な》お其命脈は長かるべかりし也《なり》。

（安井『陸海軍人物史論』）

第一次桂内閣から九年にわたり陸軍大臣を務めた寺内の権勢は、相当なものだったのだろう。『東京朝日新聞』明治四十四（一九一一）年七月十五日付の「朝野の政治家」というコラムでは、寺内が非長州閥を一掃した件について言及している。執筆者は、すでに故人である川上操六が藩閥にとらわれず「人材を天下に求め」、結果として「大いに異材を致すを得」たとして川上を評価するいっぽう、これら川上系統の人材が彼亡きあとに寺内に圧迫されたと指弾している。

寺内伯〔爵〕は自ら大臣たりし以後、此等《これら》の人物を挙《こぞっ》て失意の境《さかい》に陥《おとしい》れられしのみならず、猶飽《なおあき》足《た》らずして、昨年十月皆之《これ》を首にし、非長州閥川上系統の人物を掃討し盡《つく》せり。

（『東京朝日新聞』一九一一年七月十五日）

寺内は、何も藩閥意識だけで英教を予備役にしたのではないだろう。しかし世間からは、そう思えるほど「長州閥」が勢力盛《さか》んに見え、また寺内の人気がなかったのだ。英教もまた「自分は長州閥によって排除された」との意識を持っていたようで、それが息子の英機にも受け継がれていった。

英機がまだ東京陸軍地方幼年学校在学中のある日、陸相の寺内が講演に来たことがある。しかし、英機は話をろくに聞かず、「これが父親をいじめている張本人か」と睨み続けていたという（保阪正康『東條英機と天皇の時代』）。このような英機の性質は、彼の軍人人生を支える大きな柱の一つとなる。

大正二（一九一三）年十二月二十六日、英教は五九歳で死去した。父と同じ軍人としての道を歩き出していた息子・英機は陸大の学生で、すでに結婚もしていたが、東條家をも背負うことになった。

そして、世界もまた「新しい戦争」を経て、次の時代に入ろうとしていた。皮肉にも、軍事学の大家として知られた英教は、新時代を見る直前に世を去ったのだった。

第二章

栄達、そして開戦へ

1914～1943年

昭和16(1941)年10月18日、大命降下を受けて参内する車中にて

永田鉄山への傾倒

英教死去の翌大正三（一九一四）年六月二十八日、ボスニア・ヘルツェゴビナのサライエヴォで、オーストリア皇太子が暗殺された。翌月、第一次世界大戦が勃発する。これらは欧州の地で起こったことであり、日本と関係が薄いように見えるが、日英同盟を結んでいた日本は英仏露（連合国）側に立ち、ドイツ帝国（同盟国）に宣戦布告した。

以後の東條は、陸軍内で時に主流派、時に反主流派になりながら、結果的には総理大臣まで上り詰める。といっても、巧《たく》みな処世術を駆使して派閥を渡り歩いたのではなく、東條の「居場所」が、歴史のなかで盛衰したと言えるだろう。

最初に彼の「居場所」となったのは、永田鉄山《ながたてつざん》、小畑敏四郎《おばたとしろう》、岡村寧次《おかむらやすじ》らが結成した「二葉会《ふたばかい》（双葉会）」である。

永田らは陸軍士官学校（以下、士官学校）の一六期生で、東條の一期上となる。特に、永田は陸軍中央幼年学校を次席、士官学校を首席、陸大を次席で卒業した俊秀だった。二葉会は大正十（一九二一）年十月二十七日、この三人がドイツのバーデン・バーデンで会合したことをきっかけに結成された。

二葉会結成の目的の一つに「長州閥の打倒」があった。戦後、岡村が政治学者の中村菊男《なかむらきくお》に語ったところによれば、長州閥による「専断の人事」を変えよう、との意識が強くあったという（中村菊男編『昭和陸軍秘史』）。

さらに、第一次世界大戦で出現した「総力戦」という新しい戦争形態に対応できる体制の構築が意図されたことを考えれば、間接的とはいえ、第一次世界大戦は東條の人生に影響したと言えるだろう。

三人は、世代の近い軍人たちを同志に加えるが、東條もその一人だった。彼は永田に特に傾倒し、終生敬意を忘れなかった。東條と同じく、永田に近かった池田純久《いけだすみひさ》（のちに陸軍中将、内閣綜合計画局長官）は、二人の仲を次のように記している。

血を分けた兄弟以上の間《あいだ》がらであった。頭脳の点では東条大将もなかなか切れていたが、永田中将のそれにはとうてい及《およ》ばない。だから東条大将は、その当時重要な事には必ず永田中将の意見をたたき、その説に従っていたようだ。

（池田純久『日本の曲り角』）

派閥抗争

二葉会はやがて木曜会《もくようかい》と合併し、「一夕会《いっせきかい》」となる。一夕会は荒木貞夫《あらきさだお》、真崎甚三郎《まさきじんざぶろう》、林銑十郎《はやしせんじゅうろう》の三人の将軍を担《かつ》ぎ、長州閥のあとを受ける形で陸軍内を掌握した宇垣一成らの一派（宇垣系）と対決することになる。

東條は昭和四（一九二九）年八月一日、大佐の時に歩兵第一連隊長となる。部隊長としての東條は大変な部下思いだった。家計の苦しい初年兵には入隊前に生活保護の処置を取ってやり、また中隊長などには兵士の姓名を覚えさせ、身上調査をさせていた。入隊後に上官が兵士の名前を呼ばないと、これを強く戒《いまし》めたという（赤松貞雄『東條秘書官機密日誌』）。

第一連隊長を二年務めた東條は、昭和六（一九三一）年八月一日、参謀本部総務部編制動員課長となる。この年、陸軍の中堅将校によるクーデター未遂事件（三月事件、十月事件）が発覚し、九月には満州事変も起きており、世相は混迷と不安の度を深めていた。

一夕会にも亀裂が走る。会の中心だった永田鉄山と小畑敏四郎がソ連に対する戦略などをめぐって対立。荒木・真崎などは小畑を支持し、彼らはのちに「皇道派《こうどうは》」として知られることになる。いっぽうの永田を中心とした一派は現在、「統制派《とうせいは》」の名称で呼ばれており、東條もここに含まれていた。

両派の闘争は激化し、とうとう昭和十（一九三五）年八月十二日、当時軍務局長だった永田が、執務中に皇道派の相沢三郎《あいざわさぶろう》中佐に惨殺されるまでに至る。相沢事件である。「永田の前に永田なく、永田の後に永田なし」とまで称された逸材は、その才能を惜しまれながら非業《ひごう》に斃《たお》れたのである（永田や陸軍の派閥抗争については拙著『永田鉄山と昭和陸軍』を参照）。

石原莞爾との対立

永田が殺害された翌年の昭和十一（一九三六）年、二・二六事件が起きる。この大規模なクーデター未遂事件は、荒木・真崎と繫《つな》がる皇道派青年将校が起こしたものだった。

東條は当時、関東憲兵隊司令官として満州にいた。東條は事件発生を知ると、日頃から目をつけていた要注意人物を片っ端から逮捕する。東條は永田の敵討《かたきう》ちのつもりだったようで、後輩の池田純久に対して「これで少しは胸もすいた」と心情を吐露《とろ》している（池田『日本の曲り角』）。

敵対派閥であることを除いても、日頃から怪しいと思われる人物を入念に調査し、いつでも逮捕できるようにしておく東條の手腕は「官僚としての有能さ」を知らしめたと言っていいだろう（古川隆久『東条英機』）。

東條は翌昭和十二（一九三七）年三月一日に関東軍参謀長に就任するが、同年七月七日、盧溝橋《ろこうきょう》での偶発的な衝突事件をきっかけに日中戦争が勃発した。日本では、作戦を担当する参謀本部で石原莞爾《いしわらかんじ》らが戦線不拡大と早期の終戦を考えていたのに対して、石原の部下の武藤章《むとうあきら》などは敵（蔣介石《しょうかいせき》の国民政府）の屈服を主張した。

石原はまもなく（同年九月二十七日）関東軍参謀副長として東條の下へ来ることになるが、ここで性質の違う両者は激しく対立する。

石原と士官学校、陸大の同期生だった横山臣平《よこやましんぺい》は――石原は天才だが人間的に「奇矯《ききょう》異質《いしつ》」の点が多く、自信家だった。東條は頭脳はそれほどでもないが、「努力家で業務に熱心かつ几帳面《きちょうめん》」であり、加えて「神経質で策謀家」でもあった――と両者を比較している（横山臣平『秘録 石原莞爾 新版』）。

これは、石原に近い側から見た東條評だが、「努力家で業務に熱心かつ几帳面」は、多くの人が認める東條の一面だった。実際、部下の報告にはきちんとメモを取り、どんなに忙しくても、あとで事項別・年月日順に分けて保存した。首相時代には三種類（事項別・年月日順・首相として心がけるべきこと）のメモを取り、これを六カ月ごとに更新したという。下僚が決済を求めに来ると、戸棚からメモを引っ張り出して以前の報告と照合するため、部下は十分注意する必要があったという（赤松『東條秘書官機密日誌』）。

東條と石原はこうした性格上の違いに加え、満州国への態度、さらには日中戦争に対する姿勢も違っていた。東條は武藤らと同じく、国民政府に強力な一撃を加えて戦争を収束させようと考えていたのである。

陸軍次官、そして大臣へ

日中戦争が解決の糸口を見出せないまま、昭和十三（一九三八）年五月三十日、東條は陸軍次官として中央に舞い戻る。陸軍省は軍政を司《つかさど》る官衙《かんが》であり、トップは陸軍大臣である板垣征四郎《いたがきせいしろう》だが、実質的に仕事をしていたのはナンバー2の東條だった。

東條はここで、参謀次長の多田駿《ただはやお》と対立する。当時の参謀本部は、トップである参謀総長は閑院宮載仁親王《かんいんのみやことひと》だったが、皇族であるために実務にはタッチせず、次長が実質的なトップだった。多田は陸軍屈指の中国通として知られ、石原莞爾と同様に、日中戦争を早期に収束させようと奮闘していた。つまり、東條とは異なった考え方をしていたのである。

さらには、東條（士官学校一七期）の上司である板垣（同一六期）は、多田（同一五期）の後輩であり、二人は親しかった。そのため、多田は次官である東條を飛び越して直接、板垣に相談を持ちかけていたようだ。東條もこれには困っていたようで、「多田が板垣を丸めこむのでやりにくいよ」とぼやいていたという（高宮太平『昭和の将帥』）。

両者の対立は抜き差しならない状況になり、とうとう板垣は東條に退職願を出すように要求した。しかし東條はこれを肯《がえん》ぜず、「多田次長の転出なくば絶対に退職願（次官は文官ゆえ必要）は出しませぬ。要すれば、軍人たる私を馘首《かくしゅ》されたい」と逆に迫る（額田坦『陸軍省人事局長の回想』）。

結局、喧嘩《けんか》両成敗の形で、多田は満州の第三軍司令官、東條は兼任していた航空本部総監専任となる。同じ転出とはいえ、多田が日本を離れたのに比べ、東條は東京に残っている。どうも、陸軍部内では多田らの早期和平論に不満を抱く空気が強かったようだ（東條と多田の確執については拙著『多田駿伝』を参照）。

その後の二人が辿《たど》った道は対照的だ。多田が第三軍司令官から北支那方面軍司令官を経て、ついに中央に戻らぬまま現役を去ったのに対し、東條は再び陸軍省に呼び戻される。今度は名実共に陸軍省のトップ、第二次近衛文麿内閣の陸軍大臣としての栄転だった。

突然の首相就任

昭和十五（一九四〇）年七月二十二日に成立した第二次近衛内閣の前に大きく立ちはだかったのが、日中戦争や日独伊三国同盟をめぐる対米関係の悪化だった。すでに同年一月、アメリカは日本の中国における活動への対抗措置として日米通商航海条約を破棄していたが、やがて航空用ガソリンやくず鉄の輸出制限も始める。

日本は海軍大将の野村吉三郎《のむらきちさぶろう》を大使としてアメリカに派遣、対米関係の改善に心血を注いだが、対米強硬派の松岡洋右《まつおかようすけ》外相によるスタンドプレーが閣内の統一を徐々に乱していく。近衛首相は松岡を辞めさせたかったが、大日本帝国憲法では、首相に閣僚の罷免権《ひめんけん》はない（日本国憲法はあり）。そこで、近衛は松岡を追い出すためにわざと総辞職を決行し、同時にすぐさま組閣の大命（天皇から組閣を命じられること）が下《くだ》るように計《はか》らった。

こうして昭和十六（一九四一）年七月十八日、第三次近衛内閣がスタートした。陸相に留任した東條は、対米交渉の争点となっている「中国からの撤兵（駐兵問題）」については何度も拒絶した。

駐兵問題は陸軍としては一歩も譲れない（十月十二日）
種々説明し要するに陸軍としては駐兵問題を譲ることは出来ない（十月十四日）
（参謀本部編『杉山メモ［上］』）

すでに九月六日の御前会議で十月上旬までに交渉が妥結しなければ開戦、という決定がなされており、時間はもう残されていない。近衛が戦後発表した手記によれば、東條は近衛に対して「人間、たまには清水《きよみず》の舞台から目をつぶって飛び降りることも必要だ」と開戦を促《うなが》していたという（近衛文麿『最後の御前会議／戦後欧米見聞録』）。

こうして、近衛は東條（陸軍）との対立を解決できず、ついに三度目の内閣総辞職を行なう。その後継となったのが、意外にも、日米交渉に強硬な姿勢を崩《くず》さなかった東條だった。

東條を総理大臣候補として天皇に推薦したのは、天皇側近である内大臣・木戸幸一である。この困難な時期に総理大臣に求められる資質は、何よりも「陸軍を統制できる人物」だった。木戸は戦後のインタビューで、「もう戦争は避《さ》けられない」と思いつつ、それでも「もし戦争を止めるとしたら東条しかできない」という心境だったと語っている（多田井喜生『決断した男 木戸幸一の昭和』）。

木戸は、天皇に忠実な東條ならば、強硬派が交渉打ち切りの根拠とする御前会議での決定事項も、天皇が「白紙還元」を求めれば、応じるのではないかと考えたのである。

はたして十月十七日、組閣の大命は東條英機に下った。そして陸相官邸に帰り、軍務局長の武藤章から陸軍の求める閣僚名簿を渡されると、秘書官に「本日よりは陸軍だけの代表者にあらざるを以《もっ》て、公正妥当な人選をしなければならぬ」と述べた（伊藤ら『東條内閣総理大臣機密記録』)。

東條は陸相を兼任し、海相に嶋田繁太郎《しまだしげたろう》、外相に東郷茂徳《とうごうしげのり》を迎えた。そして、天皇の期待に応《こた》えるべく日米交渉に邁進《まいしん》した。今まで自分が陸軍を代表して主張していた意見とは反対の方向へ進もうというのであるから、普通なら躊躇《ちゅうちょ》しそうなものだが、天皇の意思を伝えられた以上、東條にとって、優先順位は明らかだった。

しかし、時すでに遅し。もはや歯車を逆回転させることはできず、東條は天皇の平和の意思に沿うことができなかった。十二月八日、東條の首相就任後二カ月も経たずに、大日本帝国は米英に対して戦端を開くのやむなきに至る。明治維新以来蓄《たくわ》えた近代国家のすべてを注ぎ込む、存亡をかけた戦争が始まったのである。

予想外の大戦果

日本軍の緒戦の快進撃は目を見張るものがあった。

昭和十六(一九四一)年十二月八日、南雲忠一《なぐもちゅういち》中将率いる帝国海軍機動部隊はハワイ真珠湾《しんじゅわん》を襲撃し、戦艦四隻の撃沈をはじめ、五〇〇機近い航空機に損害を与えた。特に艦

東條内閣

昭和16(1941)年11月21日、第77回帝国議会を終えた東條内閣。1列左から井野碩哉農相、鈴木貞一国務相兼企画院総裁、東條首相兼内相兼陸相、橋田邦彦文相、小泉親彦厚相。2列左から賀屋興宣蔵相、東郷茂徳外相兼拓相、岩村通世法相。3列左から寺島健逓相兼鉄道相、星野直樹内閣書記官長。4列左から岸信介商工相、嶋田繁太郎海相

艇は、ハワイにあった戦艦八隻すべてに何らかの損害を与えている。

　陸軍の進撃も想定以上だった。真珠湾攻撃と同日、イギリス領マレー半島のシンゴラとコタバルには山下奉文《やましたともゆき》中将率いる第二五軍の先遣部隊が上陸を開始し、アジアにおけるイギリスの拠点の一つシンガポールを目指した。怒濤《どとう》の勢いで南下した日本軍は同月二十八日イポ、三十一日クワンタン、翌昭和十七年一月三

十一日には、シンガポールと国境を接するジョホールバルを奪取した。そして、二月八日にシンガポール島への上陸を開始し、十五日にはこれを完全に占領した。

昭和天皇が三月九日に木戸に漏《も》らした言葉からも、戦果の大きさがよくわかる。

御召《おめ》しにより御前《ごぜん》に伺候《しこう》したるに、竜顔殊《こと》の外麗《ほかうるわ》しくにこにこと遊《あそば》され「余り戦果が早く挙《あが》り過ぎるよ」との仰《おお》せあり。

（木戸『木戸幸一日記　下巻』）

最後の最後まで日米交渉に望みをかけた昭和天皇ですら、日本軍の快進撃にこれほどの喜びを見せているのである。

いっぽう、敵国の衝撃は深刻だった。イギリスはプリンス・オブ・ウェールズ、レパルスという二隻の新鋭戦艦をインド洋に派遣したが、開戦二日後の十二月十日、帝国海軍航空部隊の猛攻を受けると、あっというまに海の藻屑《もくず》と消えた。この報告を聞いたチャーチル英首相は、次のように回想している。

すべての戦争を通じて、私はこれ以上直接的な衝撃を受けたことはなかった。
(W・S・チャーチル著、佐藤亮一訳『第二次世界大戦3』)

本土を空襲に晒《さら》されるなどナチス・ドイツに追い詰められながらも、不屈の闘志でイギリスを勝利に導いた宰相が「すべての戦争を通じて」最大の衝撃を受けたのが、日本軍による二隻の艦艇の撃沈だったのである。

陸海軍の対立

その後も、日本軍の戦果は挙がり続けた。しかし、戦局が順調に推移していた、昭和十七(一九四二)年三月七日に決定された「今後採るべき戦争指導の大綱」は、陸海軍間の方針の違いと対立を含むものだった。

一、英を屈服し米の戦意を喪失せしむる為《ため》引続き既得の戦果を拡充して長期不敗の政戦態勢を整《ととの》えつつ機を見て積極的の方策を講ず。
(「今後採るべき戦争指導の大綱」)

これは第一項目だが、陸軍が「長期不敗の政戦態勢を整えつつ」に重きを置いたのに対し、海軍は「既得の戦果を拡充して」「積極的の方策を講ず」を重視した（服部卓四郎『大東亜戦争全史』）。

つまり、陸軍が現在占領している地域を保持しながら国力を増強して長期戦を戦うことを企図《きと》しているのに対し、海軍は戦果を足場にさらなる攻勢に出ようとしていた。このような方針の違いはさまざまな理由があるが、一つには「場所」の占領と守備という概念が強い陸軍に対し、船舶による海上移動が主となる海軍にはその概念が薄いという、軍としての性質の違いが挙げられるだろう。

陸海軍の対立は、何も日本に限ったことではない。問題は、陸海軍の見解の相違について、日本では「裁定者」がいないことである。首相兼陸相の東條ですら、陸海軍をまとめるには「説得」するしかなかったのだ。

大敗

昭和十七（一九四二）年四月十八日午後一時頃、米陸軍のドーリットル中佐に率いられたB25爆撃機一六機は、東京をはじめとする都市を爆撃。そのままウラジオストクと中国大陸に去っていった。ハルゼー中将率いる第一六機動部隊は、東京まで六六八マイル（約一〇七五キロメートル）の地点でこれらの爆撃機を発艦させ、そのまま反転した。

損害としては死傷三六三人、家屋三五〇戸損傷など大きなものではなかったが、この「本土空襲」は、海軍に大きな衝撃を与えた。当時、海軍航空本部総務部第一課長の職にあった山本親雄《やまもとちかお》は戦後、次のように振り返っている。

第一、未然にこれを防ぐことができなかったばかりでなく、一矢《いっし》も報いることなく、敵艦隊を無傷で引き揚げさせたのは、海上国防の責任を果《はた》しえなかったことになり、なんといっても大きな黒星であった。とくに開戦以来、連戦連勝を誇っていたわが連合艦隊にとっては我慢のならぬ出来事であった。

（山本親雄『大本営海軍部』）

連合艦隊司令長官山本五十六《やまもといそろく》は、以前から米軍による日本本土への攻撃とそれによる国民の動揺を気にしており、前線にあっても関東地方の気象電報を届けさせていたという（気象は航空作戦に大きく影響する）。そして、ドーリットル隊の攻撃に衝撃を受けた山本の強い主導で始まったのが、ミッドウェー攻略作戦である（高木惣吉『太平洋海戦史〈改訂版〉』）。

ミッドウェー島が選ばれたのは、同島を攻略することで敵機動部隊をおびき寄せ、一気に殲滅《せんめつ》することを目的としたからである。仮に敵が挑戦に応じなくても、哨戒《しょうかい》基地を大きく前進させることができる（同書）。

とはいえ、同作戦はドーリットル隊の空襲前から決まっていた。連合艦隊が攻略を主張したのに対し、軍令部は攻略そのものはできても本土から距離がありすぎて維持が難しいと反対。しかし、連合艦隊側の強硬な主張に軍令部総長永野修身《ながのおさみ》が同意し、決行することになったのである。時期は明確に定められなかったものの、決定直後にドーリットル隊の空襲があり、これが連合艦隊を急《せ》き立てた（服部『大東亜戦争全史』）。

そして、攻略日は六月七日に決定。山本五十六が直率する攻撃隊は艦船三五〇隻、航空機一〇〇〇機など、連合艦隊の総力を挙げた大部隊だった。

それまで負け知らずの連合艦隊は自信に満ち溢《あふ》れ、勝利を疑わなかった。連合艦隊参謀長の宇垣纏《うがきまとめ》は、攻撃前に敵に発見されたことすら「敵の備うる所となり獲物反《かえ》りて多かるべきなり」と記している（宇垣纏『戦藻録』）。

しかし、米軍は周到な準備をして待ち構えていた。数的には日本が有利だったミッドウェー海戦は、結果的に日本が真珠湾攻撃でアメリカに与えた以上の損害を日本にもたらした。具体的には、米軍の損害が空母一隻だったのに対し、日本軍は開戦以来の主力であった空母四隻がすべて沈められた。空母に搭載された航空機はもちろん、何よりも歴戦の搭乗員を失ったことが大きかった。

宇垣は「状況緊迫の為《ため》」、五・六・七日と日記を記すことができず、ようやく八日にまとめて海戦の模様を記し、最後に痛恨の思いを綴《つづ》っている。

斯《か》くして受難の六月五日は過ぎぬ。大東亜戦争中再び斯《かか》る日を迎《むか》うる事勿《なか》れ。我生涯に於《お》ける唯一最大の失敗の日たらしむべし。

（宇垣『戦藻録』）

戦闘結果の発表に際し、大本営海軍報道部は空母二隻喪失・一隻大破など被害を矮小《わいしょう》化《か》した原案を示すも、軍令部作戦部は納得せず、結局、空母一隻喪失・一隻大破、戦果は敵空母二隻撃沈（実際は一隻）など、さらに矮小して発表した（冨永謙吾『大本営発表の真相史』）。

「独裁者」の涙

ミッドウェー海戦の敗北は、首相である東條を打ちのめした。昭和十七（一九四二）年六月七日、東條に書類の決裁を求めに来た軍務局軍事課の中原茂敏《なかはらしげとし》は、東條が「目に一杯の涙」を溜《た》めているのを目撃している。

中原、ミッドウェーで海軍がやられたのを今聞いたばかりだ、海軍がなくなってはもうお仕舞《しまい》だよ。

（中原茂敏『国力なき戦争指導』）

中原は東條に四年間仕えたが、涙を見たのはこの時だけだったという（同書）。ここには、「独裁者」の姿はない。独裁者であれば、敗戦の責任者を苛烈に罰して責任転嫁に走るはずである。

それどころか、東條は日本の主力空母四隻が沈められたのを当日ではなく「今」、つまり一日あけてから聞かされたのである。本来であれば、夜中や早朝であっても耳に入れるべき重要事項を知らされない独裁者がいるだろうか。

もう一つ印象に残るのは、東條英機という人物の「普通さ」、悪く言えば「凡庸さ」である。部下の前で涙を見せるばかりか、「もうお仕舞」とまで言ってしまう姿は、「悪人」というイメージからほど遠い。

ヒトラーやスターリンといった独裁者はもちろん、ローズヴェルトやチャーチルでさえ、ある意味でもっと「悪人」であっただろう。一人の軍人、一人の官僚ならばともかく、一国を率いる宰相には、「悪人」としての素質や器量も必要ではないだろうか。

消耗戦の幕開け

日本の悲劇はさらに続く。ソロモン諸島のガダルカナル島をめぐる攻防戦において、陸海軍は本格的な消耗戦に巻き込まれ、多大な犠牲を出したのだ。

ガダルカナル島（以下、ガ島）は、海軍が根拠地としていたラバウル（ニューブリテン島）から約六〇〇マイル（約九六〇キロメートル）の距離にあり、現在はソロモン諸島の首都ホニアラが置かれている。

海軍の設営隊が同地に上陸したのは、昭和十七（一九四二）年六月十六日のこと。七月に入ると、設営隊は飛行場の建設を開始し、八月の完成が見込まれたが、結局使われることはなかった。八月七日、米海兵隊が襲撃したのである。ヴァンデグリフト少将率いる米海兵隊第一師団約二万人は猛烈な艦砲射撃と航空部隊の援護下、首尾よくガ島のテナル川右岸に無血上陸した。島には海軍設営隊と陸戦隊合わせて約二二〇〇人しかおらず、米海兵隊は何の抵抗も受けずに飛行場を占領する。

問題は、陸軍が飛行場建設の件を知ったのが、米軍上陸当日だったことだ（林三郎『太平洋戦争陸戦概史』）。加えて、大本営では米軍の本格的な反攻を昭和十八年中期以降と想定していた者が多く（服部『大東亜戦争全史』）、ガ島への上陸も当初は本格的反攻と見ていなかった。上陸した米軍部隊は当初二〇〇〇人ほどと報告され、奪回のために一木《いちき》清直《きよなお》大佐率いる約九〇〇人が派遣されることになった。

さらに、駐ソ日本大使館附武官より、ガ島に上陸した米軍の目的は飛行場の破壊であり、戦意も低く逐次撤退中との情報まで入る（同書）。陸海軍で情報の共有ができていなかったうえに、敵を過小評価していたわけだ。

結局、駆逐艦の輸送により十分な兵器弾薬を携行できなかった一木支隊は、二十日夜から二十一日にかけての戦闘でほぼ全滅した。

一木支隊の失敗を知った陸軍はさらに強力な、川口清健《かわぐちきよたけ》少将率いる第三五旅団（川口支隊）を送り込む。支隊の輸送は二十八日から行なわれたものの、米軍機の攻撃で一個中隊が海没するなど、輸送中に大きな被害を受けた。

日本側の拠点とするラバウルはガ島から遠く、航空部隊による十分な支援ができない。そのため、補給は速度の速い駆逐艦や小型高速艇を使うしかなかったが、これらには積める荷物は少なかった。さらに敵航空部隊の隙《すき》をついて揚陸《ようりく》を行なわねばならず、困難をきわめた。

川口支隊は、川口少将率いる主力約四〇〇〇人が飛行場の東に、岡明之助《おかあきのすけ》大佐率いる第一二四連隊四五〇人が飛行場の西に上陸した。支隊は奮戦。米軍は一時、弾薬が欠乏し、飛行場の司令部近くまで侵入を許すほど追い詰められた。しかし、最後は日本軍が先に息切れとなり、攻撃は失敗。川口支隊は戦死約五〇〇〇人・戦傷約四〇〇〇人を数え、やむなく撤退した。

こうして、ガダルカナルという島を基点に、膨大な物量を消耗する戦いが続いた。日本は敵の実力を見誤ったうえ、満足に補給もない状態で肉弾攻撃に頼るという、その後幾度となく繰《く》り返される玉砕戦《ぎょくさいせん》の原型を経験したのだった。

餓島

川口支隊にも誤算があった。彼らは九月十三日の総攻撃が終われば「アメリカさんのいた飛行場でたらふく食える」（テレビ東京編『証言・私の昭和史3　太平洋戦争前期』）と算段していたため、攻撃が失敗に終わると、たちまち食料不足に陥《おちい》った。

やがて時間の経過と共に食料の欠乏はひどくなり、兵士たちはトカゲやヘビはおろか、おたまじゃくしまで食べ、年を越えた昭和十八年一月には、死体に湧《わ》く蛆虫《うじむし》まで食べるほどになった（同書）。まさしく、生き地獄である。

日本軍は敵の制空権下を縫《ぬ》って何とか補給を行なったが、ほとんどが失敗に終わる。航空機もラバウルから長駆《ちょうく》飛来するが、損害は次々と増えていった。

川口支隊の攻撃失敗を受け、参謀本部でもいよいよ本腰を入れてガダルカナル島の奪回に臨《のぞ》むようになった。ガダルカナル島攻略を担当する第一七軍（第二・第三八師団基幹）は第二師団の増派を決定し、参謀本部もこれを承認した。

陣容を整えた第一七軍および丸山政男《まるやままさお》中将率いる第二師団は十月六日、ガ島のタサファロング上陸に成功する。一行はヤシ林が近い浜辺で、「ガ島」が「餓島」と化した状況を目《ま》の当たりにした。

その林の中にしばらく腰を下ろしてボートに積まれた糧秣《りょうまつ》や日用品を荷揚げしているとき、予期しない人足がどこからともなくあらわれてきた。髪はボウボウと伸び……無精髭《ぶしょうひげ》が生え、ボロボロの軍服だけで、腰に剣もなければ、足に靴もない。丸腰、裸足《はだし》の青ざめた兵隊である。先に上陸した部隊の生き残りであろう。

（辻政信『ガダルカナル』）

この半死半生の兵士らは自分たちのひどい状態にもかかわらず荷揚げを手伝ったが、のちにその理由が判明した。彼らの目的は、揚陸された物資のなかの食料を盗むことにあったのだ。飢餓が限界に達した残兵は手伝うふりをして、師団長の弁当まで盗んでいったのである（同書）。

しかし、満を持してガ島に上陸した第一七軍もまた、彼らと同じ運命を辿ることになる。戦いが起こる前は陸軍のほとんどが名前すらも知らなかったこの島は、「帝国陸軍の墓地の名」として刻《きざ》まれることになった（伊藤正徳『帝国陸軍の最後 2決戦篇』）。

陸軍省と参謀本部の対立

ガ島の戦闘は、帝国陸軍の内部に亀裂をもたらした。陸軍省（軍政）と参謀本部（軍令）

の対立が改めて表面化したのである。

問題となったのは、輸送用船舶についてだった。膨大な物資を必要とする総力戦では当然ながら、その輸送手段が重要となる。日本と米英は太平洋の島々を舞台に戦っているのだから、輸送手段の主力は船舶である。そして、多くの民間船舶が徴用され、前線を支える「足」となっていた。

昭和十七（一九四二）年八月はじめには、船舶の徴用が陸軍一三八万二九〇〇トン、海軍一七七万一五〇〇トン、民需用三一一万二四〇〇トンとなっており、国民生活の維持に必要な民間三〇〇万トンは保たれていた（大井篤『海上護衛戦』）。

ところが、ガ島の攻防戦で船舶は次々に沈められ、陸軍ではさらなる輸送用船舶の必要に迫られる。参謀本部は新たに船舶の徴用を求めるが、これが問題だった。参謀本部で主にこれを主張したのは、第一部長（作戦担当）の田中新一《たなかしんいち》中将。田中は日米開戦前には交渉打ち切りを主張するなど、強硬派だった。田中の主張は、ガダルカナルを日米の決戦場と見るものだった。

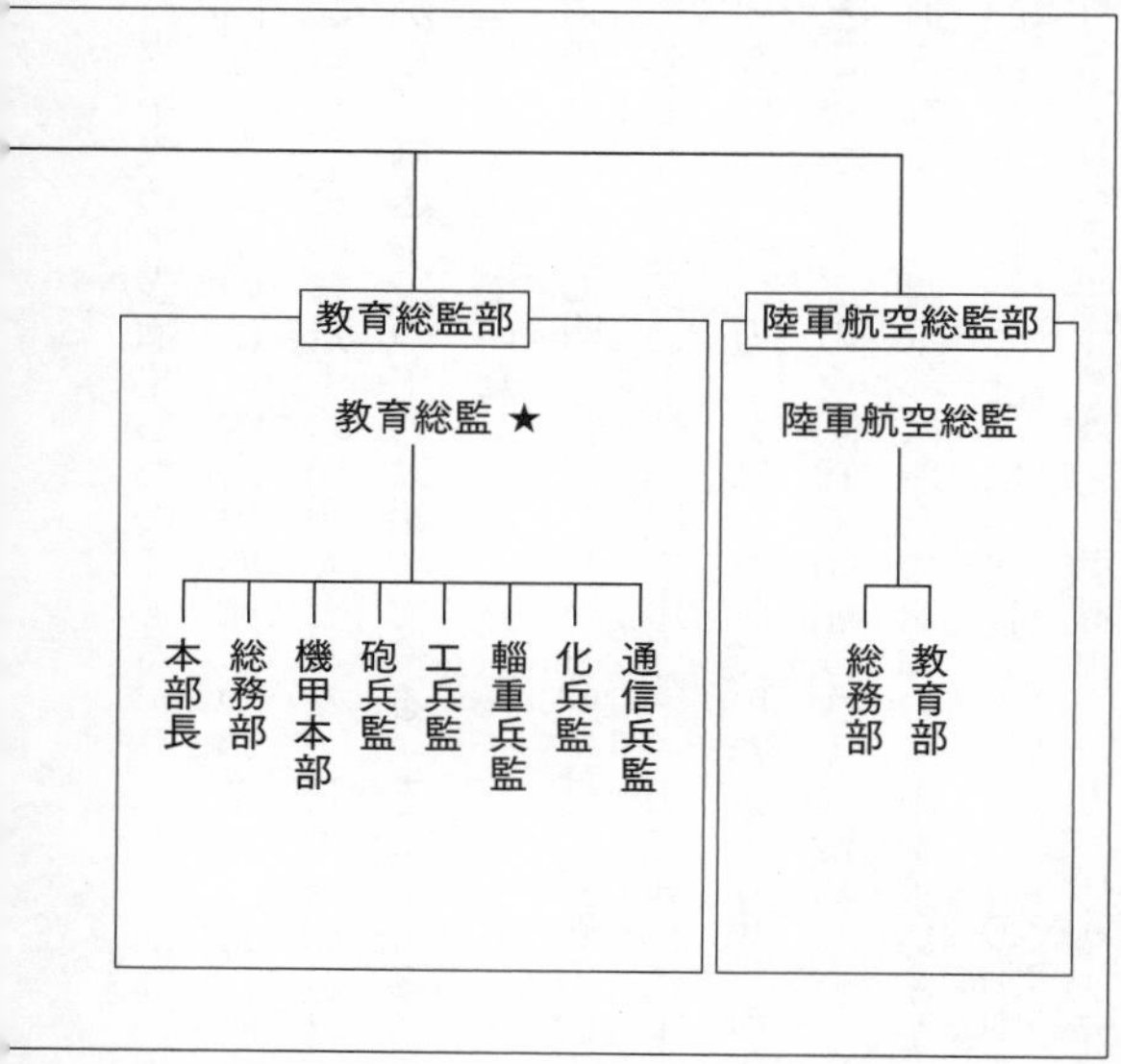

「ガ島作戦の完遂こそが、太平洋戦争の勝利のきっかけであるという根本的見解については、作戦部長は東條陸相に対して、親しく情理を尽《つく》して説明の上、確乎《かっこ》たる諒解をとりつけてあるのだから、この作戦遂行に必要な船舶は、当然供給されなければならない」

（田中新一著、松下芳男編『作戦部長、東條ヲ罵倒ス』）

参謀本部は新たに三七万トン、軍令部は二五万トンの徴用を要求したが、これに陸軍省軍務局長の佐藤賢了《さとうけんりょう》少将が反対する。佐藤は、人命と物資を吸い取り続ける

陸軍の組織（1941年5月頃）

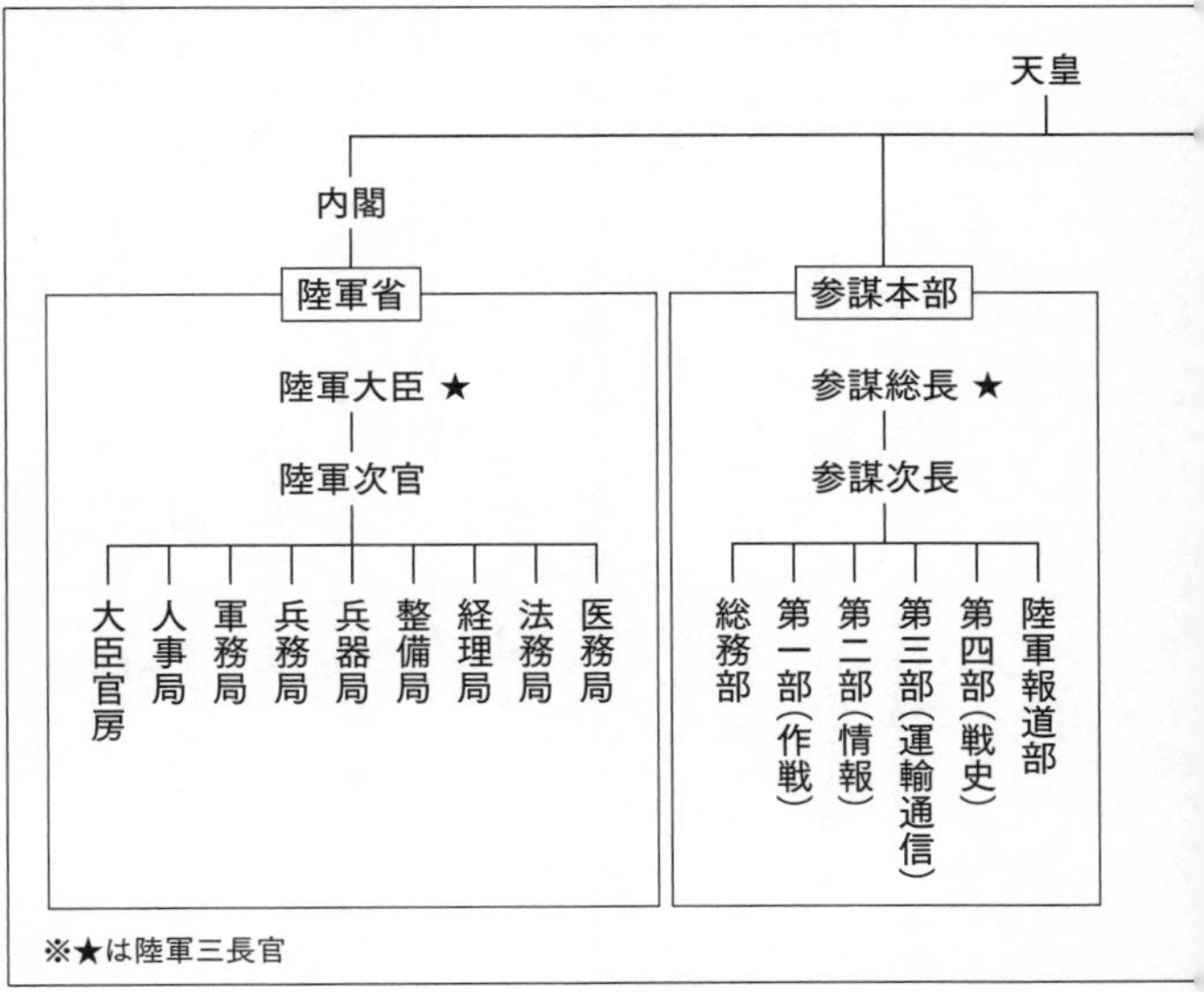

ガ島攻防戦の継続に反対し、放棄すべきとの意見だった。

「こんな戦闘を続けたら、国力戦力の根幹たる輸送船をたちまち消尽《しょうじん》してしまい、国家の運命を、日本人の誰もが知らないガ島にかけて、敗北を招来《しょうらい》するに決まっている。参謀本部の主張するような理由は、いかなる利益も、どんなよいことも、それはみな必要論であり、希望論に過ぎない」

（佐藤賢了『軍務局長の賭け』）

船舶の新たな徴用要求が出たのは昭和十七（一九四二）年十一月十六日だが、すでに前月、ガ島攻防戦で第二師団を中心とする飛行場攻撃は失敗していた。これ以上の国力投入は、消耗戦の底なし沼に陥る危険もあった。

軍務局長の佐藤は東條の陸大教官時代の教え子で、東條に非常に近い一人だった。佐藤は東條にガ島撤退を進言し、政府が軍（統帥部）に対して「正面から干渉するようなこと」をするのではなく、「攻めるには足らず、退《ひ》くに必要」なだけの船舶を渡すことであきらめさせることを提案する（同書）。

総理大臣でも、統帥権で守られている軍に干渉することはできないが、陸相を兼ねている東條なら陸軍省所管の事項は統御できる。そこで、作戦に直接介入するのではなく、船舶の割り当てを減らすことで、作戦の継続を断念させようとしたのだ。陸軍大臣である東條ですら、このような方法を取らなければ、作戦を司る参謀本部を直接動かすことはできなかったのである。

作戦部長、殴る

東條内閣は昭和十七（一九四二）年十一月二十日の閣議で民間船舶の増徴について二九・五万（陸軍一七・五万、海軍一二万）トンを二度に分けて行なうことを決定した（防衛庁防衛研修所戦史室『戦史叢書　大本營陸軍部〈5〉昭和十七年十二月まで』）。

そして、第二次増徴の期日が決定される十二月五日の閣議にて、参謀本部が要求していた翌年（昭和十八年）の損害補塡分の徴用一六万五〇〇〇トンは、約半分の八万五〇〇〇トンまで削《けず》られ、さらに四月以降は一八万トンの解傭《かいよう》（船を返す）を要求することが決定した（服部『大東亜戦争全史』）。統帥部の要求は退《しりぞ》けられたのである。

収まらないのは参謀本部だ。特に田中新一の怒りは激しく、大臣や次官に面会を強要しようとして、部下の課長らに止められるほどだった（甲谷悦雄「甲谷悦雄大佐日誌 其2」）。同日夜には、参謀次長の官舎で酒を飲んで酔った挙げ句に部下を怒鳴りつけたり、船舶の割り当てについて説明に来た佐藤賢了に罵声《ばせい》を浴びせたりした。そして軍刀を抜こうとして止められると、佐藤を殴りつける暴挙に出た。佐藤も負けずに殴り返し、大騒動に発展した（佐藤『軍務局長の賭け』）。

この殴り合いについて両者共に戦後回想しているが、同室で田中に怒鳴りつけられていた第一部（作戦）第十五課長（戦争指導）の甲谷悦雄《こうたにえつお》の当時の記録でも「摑《つか》み合い撲《なぐ》り合い」と記述されており（甲谷「甲谷悦雄大佐日誌　其2」）、修羅場を彷彿《ほうふつ》とさせる。

一晩過ぎても田中の怒りは収まらず、翌六日には総理官邸に勝手に押しかけ、東條に直《じか》談判《だんぱん》している。

〈田中新一〉参謀本部第一部長、及《および》種村《たねむら》［佐孝《すけたか》］参謀本部部員来訪す（両人は総理の招致《しょうち》を受けたるに非《あら》ず、自発的に来訪せるものなり）。〈田辺盛武《たなべもりたけ》〉次長辞去するに当《あた》り、参謀本部第一部長は〈東條陸軍〉大臣の許可なくして入室、論議上船舶問題に対する参謀本部の要望を飽《あ》く迄《まで》強要せんとす。其《そ》の態度、軍紀を乱るものあり。大臣之《これ》を厳戒す（次官、次長、軍務局長、人事局長同席す）。（伊藤ら『東條内閣総理大臣機密記録』）

田中の回想によれば、この時同席していた木村兵太郎《きむらへいたろう》次官の態度に激昂《げきこう》し、「馬鹿者共」と怒鳴りつけたことになっている（田中『作戦部長、東條ヲ罵倒ス』）。

木村は陸軍大臣である東條の直属の部下であり、部下が面前で他部署の人間に罵倒されては、東條も看過《かんか》できない。東條は田中に「本職の部下に対して、彼是《あれこれ》批判することは許さん」と反撃。それでも退かない田中に対して、船舶の件は「再研究」する、と述べて、ようやく一段落した（同書）。

田中の行動はさすがに問題となり、翌日付で参謀本部第一部長から南方軍総司令部附に転出となった。参謀本部が、作戦上の必要物資について要求するのは当然である。しかし、一度閣議で決定されたことに反抗するばかりか、乱闘騒ぎを起こしたり、暴言を吐《は》いたりする事態は、首相や陸相の「統制力」が統帥部におよばないことを示している。

もちろん、この騒動は田中新一の特異なパーソナリティーが大きな割合を占めているのはまちがいない。しかし、参謀総長・参謀次長という上位者を差し置いて傍若無人《ぼうじやくぶじん》にふるまう人物が中枢を占めることができる組織は、やはりシステムに大きな欠陥があると言わざるを得ない。こうなると、システムの欠陥を「人」で補《おぎな》うしかなくなる。そして、東條は最終手段をもって、この欠陥を克服しようとするのである。

リーダーの能力は、順境よりも逆境において求められるものだが、東條が対処しなければばならない事態は、あまりに巨大だった。

日本軍の弱点

船舶問題で参謀本部の強硬な態度に遭遇した東條は、過去の自分を反省した言葉を秘書官に漏らしている。

陸軍大臣の時は、近衛首相を立て様《よう》とずい分努力した積《つも》りだが、今から考えると足りなかった。それは自分が陸軍と云《い》ったことに捉《とら》われたからだったと述懐され……。

（伊藤ら『東條内閣総理大臣機密記録』）

東條にすれば、陸相として自分が行なっていることは正しいとの思いがあったのだろう。それが、総理大臣になってはじめて、軍代表という狭い視野しか持っていなかったことに気づいたのである。

しかし、それはもうすこし早く、せめて開戦前に気づくべきではなかっただろうか。官僚がその組織を代表して意見を述べるのは当然だが、すべての官庁はあくまで国家のためにある。時に、自らの所属する官庁を押さえ込むことも必要ではないだろうか。

さて、散々揉《も》めに揉めたガダルカナル島の戦況だが、ついに同島の攻略を断念することになった。昭和十八（一九四三）年一月四日、正月気分も抜けきらない日に、大本営陸軍部命令（大陸命）第七百二十三号で、第八方面軍（第一七軍が所属）に、海軍と協同してガ島より部隊を撤収せよ、との指示が下されたのである。時期は一月下旬から二月上旬。

もちろん、米軍が大人しく引き揚げさせてくれるわけがない。古来、戦場からの撤退は至難とされており、しかもガ島の部隊は損耗激しく、戦力が著《いちじる》しく低下している。撤退は困難をともなうと見られた。

そこで、矢野桂二《やのけいじ》少佐率いる一大隊を派遣し、撤退を援護することになった。大隊には第八方面軍より井本熊男《いもとくまお》中佐が派遣され、一月十四日、一同はガダルカナル島のエスペランス岬に上陸した。

井本らは翌日、日本軍の野戦病院に差しかかる。病院と言っても何か施設があるわけではなく、ジャングルの木々の下枝を切り払い、ヤシの葉などで簡単な雨よけがある程度のものである。

井本いわく、患者の多くは「この世の者とも思われない死相が漂《ただよ》って」いた。木を杖《つえ》に歩ける者はましで、歩けない者は糞尿《ふんにょう》をその場に垂《た》れ流していた。その臭気は強烈で、「嘔吐《おうと》を催《もよお》す」ほどだったという（井本熊男『作戦日誌で綴る大東亜戦争』）。

井本は同日夜、第一七軍司令部に着くと、参謀長の宮崎周一《みやざきしゅういち》少将と高級参謀の小沼治夫《こぬまはるお》大佐にガ島撤退の方針を伝えた。しかし、両者は次のように述べるなど、激しく反発した。

大命による方面軍命令に背《そむ》くわけでは決してないが、これは不可能事である。この戦況下でどうしてガ島から撤退などができるか。（同書）

さらに、仮に撤退できたとしても「撤退したものは残骸《ざんがい》に過ぎず」、今後戦うことはできない。それならば、「軍司令官以下敵陣に切込んで」全員が玉砕することで「皇軍はかくすべきものである」と示したほうがよいと主張した（同書）。悲痛な覚悟である。

井本は言葉を尽くすが、二人は納得しない。そこで翌日、百武晴吉《ひゃくたけはるよし》第一七軍司令官に、今村均《いまむらひとし》第八方面軍司令官の親書を手渡し、議論の結果、ようやく撤退に同意した（同書）。

万難を排して行なわれた撤退戦は、予想に反して見事成功した。結局、ガ島攻防戦の損害は、陸海軍合わせて約二万四〇〇〇人。その半数以上が戦病死だった。補給が受けられないなか、兵士たちは瘦《や》せ衰《おとろ》えて死んでいった。生き残った兵士たちも、今村が「『生きている死屍《しかばね》』と云《い》うよりほかに云いようがない」状態だった（今村均『私記・一軍人六十年の哀歓』）。

ガ島の撤退は一《いち》戦場の放棄にとどまらず、日本軍の弱点を曝《さら》け出し、それまで戦線を拡大していた日本がはじめて縮小に転じたという意味で、まさに戦争の潮目《しおめ》であった。

第三章

東條包囲網

1943年

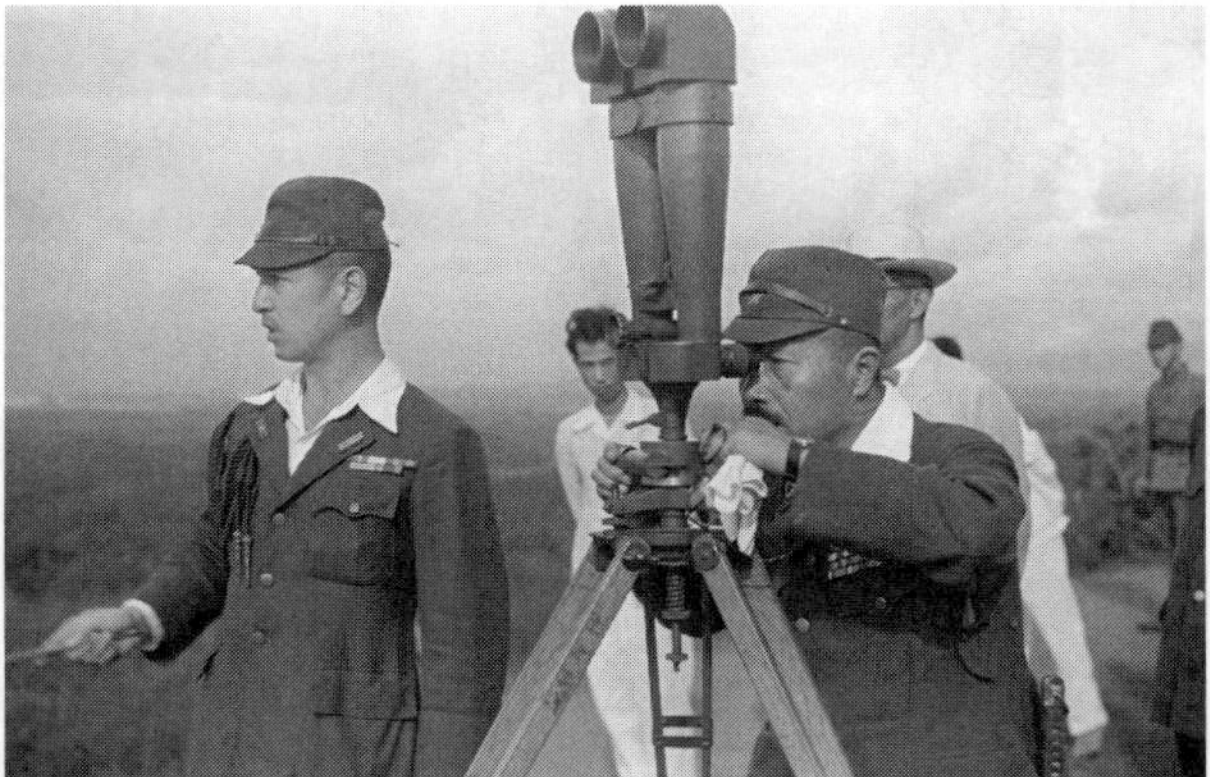

昭和18(1943)年7月、シンガポールの
ブキテマ高地で戦績視察中、観測鏡を覗く

「戦時宰相論」

ガダルカナル島撤退が始まろうとする時、国内では首相としての東條英機のあせりを象徴するような事件が発生した。発端は、昭和十八（一九四三）年元日の『朝日新聞』に掲載された論文「戦時宰相論」だ。

この論文を書いたのは衆議院議員で、元新聞記者の中野正剛《なかのせいごう》である。中野は国家主義的政治団体である東方会《とうほうかい》の主宰者で、雄弁をもって知られた民族派の政治家だった。

「戦時宰相論」は題名通り、「戦争時の宰相（総理大臣）のあり方」について論じたものだが、「非常時宰相は絶対に強きを要する」として第一次世界大戦におけるドイツのヒンデンブルク、ルーデンドルフらの失敗を論じ、次のように続ける。

大日本国は上に世界無比なる皇室を戴《いただ》いて居《い》る。忝《かたじ》けないことには、非常時宰相は必ずしも蓋世《がいせい》の英雄たらずともその任務を果《はた》し得るのである。否《いな》日本の非常時宰相は仮令《たとい》英雄の本質を有するも、英雄の盛名《せいめい》を恣《ほしいまま》にしてはならないのである。日本の非常時宰相は殉国の至誠《しせい》を捧《ささ》げ、匪躬《ひきゅう》の節《せつ》を尽《つく》せば自ら強さが出てくるのである。

つまり、皇室を戴く日本では宰相は英雄でなくともよく、ただ国に尽くす忠誠心があればよいとしている。

（田々宮英太郎『中野正剛』）

その後、岳飛《がくひ》や諸葛亮《しょかつりょう》など中国で忠臣とされる人物に筆がおよび、さらに桂太郎に触れている。日露戦争時に内閣を組織した桂は、長州閥の先輩である山県有朋・伊藤博文《いとうひろぶみ》に比べ威厳や迫力は劣るものの、外相に小村寿太郎《こむらじゅたろう》、海相に山本権兵衛《やまもとごんべえ》を据えるなど人材を登用した。

桂公は横着なるかに見えて、心の奥底に誠忠と謹慎とを蔵《ぞう》し、それがあの大幅《たいふく》にして剰《あま》す所《ところ》なき人材動員となって現はれたのでないか。難局日本の名宰相は絶対に強くなければならぬ。強からんが為《ため》には、誠忠に謹慎に廉潔《れんけつ》に、而《しこう》して気宇壮大《きうそうだい》でなければならぬ。

（同書）

「難局日本の名宰相」とはもちろん東條を指しているのだが、批判ではなく激励にも読める。東條を直接あげつらうのではなく、「あるべき首相」の像を提示したのだ。一見すると、目くじらを立てるようなものには思えない。しかし、これを読んだ東條は激怒。すぐさま発禁を命じるが、すでに新聞は配達されており、この措置はほとんど意味をなさなかった。

吉田茂の和平工作

東條が「戦時宰相論」に激怒した約一週間後の昭和十八(一九四三)年一月七日午後六時半、東條は昭和天皇の弟宮である高松宮宣仁《たかまつのみやのぶひと》親王から招きを受け、宮邸《みやてい》に赴く。親王、近衛文麿、東條三人の会食だった。高松宮の日記には、「平泉《ひらいずみ》博士の話によって両派対立の緩和策なり」と記されている(高松宮宣仁親王『高松宮日記』第五巻)。

「平泉博士」とは、東京帝国大学文学部教授の平泉澄《きよし》のことである。平泉は学者ながら東條や近衛、さらには皇族とも親交があり、幅広い人脈を有していた。「両派対立の緩和策」とあるように、東條と近衛が対立していたことがわかる。

実は、近衛は昭和十七年から吉田茂《よしだしげる》(のちに首相)らと相談し、早期和平を画策《かくさく》していた。吉田は、近衛を中立国スイスに派遣して和平工作を進めることを自分一人で考えていたが、ミッドウェー海戦の敗戦を知ると、この案を近衛に打ち明ける。

皇室に最も近い公〔近衛文麿公爵〕がスイスに出かけ、漫然と滞在しているだけでも、欧州各国の注意を引くべく、英国の戦況利《り》あらざれば、公に働きかけるものがあるべく、ドイツの苦戦となれば、また公に接近を試《こころ》みるものがあるであろう。いま海空からの旅行は甚《はなは》だ危険であるが、朝鮮、満州からシベリヤ鉄道を利用すれば、多少困難はあっても、スイスまでなら行けないことはない。(吉田茂『回想十年 1』)

近衛がこれを了承すると、昭和十七(一九四二)年六月十一日、吉田は内大臣・木戸幸一を訪ねて、その賛否を問うた。

木戸によれば、吉田の提案は「誠《まこと》に結構」だが、外務省の意向を尋ねたところ、吉田は「未《ま》だだ」と返答。そこで木戸は、「これが先《ま》ず先決の問題」として、外務省は承知しないだろうし、仮に承知しても今まさにドイツと戦争をしているソ連が近衛にビザを出すとは思えない、さらに軍部が賛成するかどうかもわからないし、各方面への影響も大きいから「篤《とく》と考えよう」と答えたことになっている。以後、吉田は二度と木戸のもとに来なかったという（木戸日記研究会編『木戸幸一関係文書』）。しかし、吉田の『回想十年 1』では、木戸が反対して握りつぶしたことになっている。

いっぽう近衛は、近衛内閣で書記官長を務めた富田健治《とみたけんじ》に次のようにこぼしている。

東条のすこし悪口を言うと、木戸が苦《にが》い顔をする。逆に東条は政治家として近来、非常に成長してきたなんて言うんだから、とてもお話になりません。

（川田稔編『近衛文麿と日米開戦』）

木戸は東條を総理大臣に推薦した張本人であり、その東條を批判されるのは自分が批判されたような気分だったかもしれない。とすれば、木戸が東條を差し置いて和平交渉の使者として近衛をスイスに派遣する案を快《こころよ》く思っていなかったことは考えられる。

近衛は開戦後早い段階から戦争の前途に不安を持ち、また周囲からも東條に対する不満を持ち込まれていた。周囲とは、岡田啓介《おかだけいすけ》や米内光政《よないみつまさ》ら重臣《じゅうしん》（首相・枢密院議長経験者ほか）グループ、中野正剛などの民族派グループ、真崎甚三郎や小畑敏四郎などの皇道派などである（照沼康孝「憲兵と特高の時代」）。

彼らは、近衛を中心に集まっていたことから、荻窪《おぎくぼ》の近衛邸（荻外荘《てきがいそう》）は憲兵に監視されていた。出入りする者は写真を撮《と》られ、車が出ていけば憲兵の車がついてくるのでこれをまかなければならなかったという（加瀬俊一・有末精三・賀屋興宣・勝間田清一・後藤隆之助・細川護貞『語りつぐ昭和史３』）。

東條側も近衛周辺の動きを注視していたわけで、その両者をうまく和解させようとしたのが、この日の会食だった。

戦争終結に対する東條の考え

高松宮によれば、東條は開戦に際して次の三点を心配していたという。

一、陸海軍が対立、分かれ分かれになること
二、蘇《ソ》〔ソ連〕が攻撃してくること
三、国内混乱に陥ること
（高松宮『高松宮日記』第五巻。以下、同書より）

そして、この三点が現実になるまでは、「今決して悲観すべきでない」と主張していた。肝心《かんじん》の戦争終結については「㈠地域的に戦勢が固定して安定する場合」、もしくは「㈡平和会議による場合」が考えられるが、アメリカが戦争に倦《う》むことは考えられないと述べている。「最重要なることは」「国内の民心を集めてゆくことである」と語っていた。東條が、戦争遂行には「国内の統制」が必須であると考えていたことがよくわかる。

なお、東條側の記録によれば、高松宮の「世界平和の問題に対する総理の所見如何《いかが》」との問いに対し、東條が次のように答えたということになっている。

之《これ》に関しては、今の所、我より手出しは禁物なり。帝国は必勝は確実なり。只《ただ》之を不可能ならしむる場合ありとせば、次の二つの場合なり。

一、陸海軍の衝突分裂するとき。
二、一億国民の足並《あしなみ》乱れたるとき。
而《しこう》して、右の二つの場合に付きては、一に付きては今の処《ところ》全然心配なく、二に付いては国民の九十%は政府と一体になり、歩調を合《あわ》せ居《お》るも、あとの一〇%は必ずしも足並揃わず、逐次《ちくじ》揃わす様《よう》努力しつつあり。（伊藤ら『東條内閣総理大臣機密記録』）

重要なことはこの時、近衛が同席していたことだ。つまり、「あとの一〇%」に含まれるであろう、近衛とその周辺への言外のプレッシャーでもあったのだ。もちろん、東條が戦争終結について考えていないわけではない。開戦直前には、日露戦争の例を引きながら、次のように述べている。

日露戦争の時、奉天《ほうてん》から沙河《さか》会戦で戦線が伸びきった時、そこで思いきった手を打って戦争の終結を図《はか》った。開戦に踏み切った以上、つぎに重要なことは戦局収拾の時機と方法である。だから開戦直後から終戦の研究準備をしようではないか。

（保科善四郎『大東亜戦争秘史』）

日本としては、アメリカを実力で屈服させることができない以上、「どのタイミングで和平するか」は非常に難しい問題だった。有利な条件で講和するとなれば、「勝っている」時でなければならない。

結局、平泉が高松宮に依頼した東條と近衛両派の「緩和策」は実ることはなかった。そして、外ではガダルカナル島からの撤退戦が始まり、内では議会が再開されようとしていた。

宰相か、軍人か

昭和十八（一九四三）年一月二十八日、東條は第八十一議会において施政方針演説を行なった。

顧《かえり》みまするに大東亜戦争開始以来既《すで》に一年有余《ゆうよ》、今や帝国は　御稜威《みいつ》の下《もと》皇軍将兵の善謀勇戦と、銃後《じゅうご》国民の総力発揮とに依《よ》りまして、世界歴史に比類なき大戦果を挙げ、米英の屈服を目指して堂々の歩武《ほぶ》を進めつつありまするとは、洵《まこと》に御同慶《ごどうけい》に堪《た》えない次第であります。（帝国議会会議録）

総理大臣として自国の「比類なき大戦果」を強調するのは当然であるが、すでにミッドウェー海戦の敗戦があり、ガダルカナル島から撤退しようとしていることを考えれば、いささか虚勢を張っている感は否《いな》めない。

「虚勢を張る」と言えば、個人としても虚勢を張っていた。東條は一月十五日、二〇年ぶりに風邪をひき、午後三時から拝謁《はいえつ》の予定をキャンセルした。容態を心配した昭和天皇は、スープ・アイスクリーム・シャーベットなどを下賜《かし》している。東條内閣の小泉親彦《こいずみちかひこ》厚生大臣と橋田邦彦《はしだくにひこ》文部大臣が医学博士であるので、星野直樹《ほしのなおき》書記官長らと共に「天下の名医」に治療してもらうよう進言するも、東條は次のように述べて拒否した。

①私は現役大将で陸相であり軍人軍属を統督《とうとく》する責任者である。率先垂範《そっせんすいはん》せざるべか

らず。
②軍人はどんな社会的地位の高い人でも一度入隊すると皆軍医の診察治療を受ける。
③私も軍医以外には見て貰《もら》わぬつもりだ。私が例外を作っては軍医等に対する不信となり、軍人軍族《ママ》の統督に悪い影響を与える。（伊藤ら『東條内閣総理大臣機密記録』）

言葉の通り、東條は常に「率先垂範」を旨《むね》とし、頑《かたく》なに「軍人」であることにこだわった。これは、自らの立場に強い責任を感じているからこそなのだろう。こうしたところに惹《ひ》かれる部下も少なくなかったようだ。

しかし、国のトップとしてはいささか偏狭《へんきょう》とも言える。平時ならまだしも、戦時にあっては、国の指導者の大事は歓迎されるものではない。彼が率いるのは「軍人軍属」だけでなく、全国民である。国の指導者として、「天下の名医」に診察を受けることをどうして躊躇する必要があるのだろう。「軍人」から一歩出て考えるべきではないか。一見些細《ささい》なことに思えるこうした部分に、東條の指導者としての弱点が垣間《かいま》見えるのだ。

東條は病臥《びょうが》中に落ちた体力を回復すべく、日本間の階段の上り下りなどをして議会に備えた。また、演説の際は右手を腰にあてて上体を反《そ》らし、いつもより高い声を出したという（保阪『東條英機と天皇の時代』）。自分の弱みを見せることを徹底的に嫌ったのである。

議会の抵抗

第八十一議会では八九件の政府提出法案が成立したが、特に市町村制改正法案と戦時刑事特別法改正法案は、大きな波紋を呼んだ。

市町村制の改正とは、簡単に言えば「地方自治に対する政府の介入強化」である。それまで選挙で選ばれていた市長は、市会（市議会）の推薦を受けて内務大臣の選任に変わり、同じく町村長は、町村会（町村議会）の選挙を経て府県知事が認可するように変わった（総務省ホームページ）。府県知事は内務省に所属しているから、間接的に町村長まで中央の統制がおよぶことになる。

これに対して、反主流派議会人は「地方自治を脅《おびや》かすもの」と反発。昭和十八（一九四三）年一月三十日に質問に立った衆議院の中谷武世《なかたにたけよ》代議士は、この改正によって明治天皇の上諭《じょうゆ》（法律・勅令・条約などの公布の際に冒頭に記される天皇の裁可を示す文章）に始まる地方自治制度は「制定以来の空前の危機」に晒《さら》されると痛撃した。中谷いわく「本会議議場の大混乱をさえ捲《ま》き起こした」という（中谷武世『戦時議会史』）。

これが中谷の自画自賛ではない証拠として、湯沢三千男《ゆざわみちお》内務大臣の説明は議員たちに「大に野次《おおいにやじ》らる」と、代議士の斎藤隆夫《さいとうたかお》は記している（伊藤隆編『斎藤隆夫日記 下』）。

もういっぽうの戦時刑事特別法改正法案も、政府権力の介入を増すものだった。昭和十七年二月に成立した戦時刑事特別法は、「戦時に際し灯火管制中又《また》は敵襲の危険」など、人心《じんしん》に動揺を与える犯罪に対して通常より重い刑罰を科し、刑事手続を簡素化するものだった。それが、今回の改正法案では、治安を害する罪の実行を協議・扇動した者に重罪を科し、また著しく治安を混乱させる事項を宣伝する行為を罰する規定も付け加えられたのだ（照沼「憲兵と特高の時代」）。

昭和十八（一九四三）年二月六日、戦時刑事特別法中改正法律案委員会の浜野徹太郎《はまのてつたろう》委員長は、代議士会で「委員会の空気は大多数が原案賛成のようであります」と述べた。ところが、実際の委員会は原案反対が多く、異論が続出していた。原案賛成の議員と反対の議員の間で小競《こぜ》り合いが起き、反対派の一人木村武雄《きむらたけお》代議士（のちに田中角栄《たなかかくえい》・木曜クラブ幹部）などは、イスを踏み台にして守衛に守られた浜野に飛びかかったという（中谷『戦時議会史』）。

しかし、これら議会人の抵抗虚《むな》しく、法案は成立。結果、東條への批判はしづらくなった。

憲兵政治

大日本帝国で主に軍事警察を司った憲兵は陸軍大臣の管轄下にあり、戦時下で権限を拡大していた。昭和十八（一九四三）年一～八月に憲兵のトップ、すなわち憲兵司令官を務めた加藤泊治郎《かとうはくじろう》少将は、東條が関東憲兵隊司令官時代から、東條と親しい間柄にあった。

さらに、加藤の下で憲兵司令部第二課長を務めた四方諒二《しかたりょうじ》大佐も、東條が同司令官時代に高級副官を務めており、東條とつきあいがあった。四方は東京帝国大学に派遣されるほど優秀だった。加藤が東條の公的なスタッフであるのに対し、四方は東條家の世話係であったという（大谷敬二郎『昭和憲兵史』）。

昭和十八年当時、陸軍省では局長会議（憲兵司令官も同席）が週一回開かれていたが、東條はこれに陸軍大臣として出席していた。その際、東條は陸相としてではなく、首相として政治的な発言をすることも多かったという。そして、東條の話を聞いた加藤憲兵司令官は庁舎に戻ると課長会議を開き、東條の意向を伝える。さらに課長を通して全国の憲兵にまで伝わっていく。加藤が反東條の言動を取り締まるように指示したこともあったようだ（全国憲友会連合会編纂委員会編『日本憲兵正史』）。

こうして、政府批判・東條批判への取り締まりは苛烈さを増していったのである。

近衛文麿と反東條グループ

この頃、近衛文麿も動き出していた。近衛は私邸・荻外荘に予備役海軍大将の小林躋造《こばやしせいぞう》を呼び出すと、「陸軍の一部が国内革新のために長期戦を企《くわだ》てた」と述べた。

〔近衛〕公の諸説に従えば、予《かね》て国体変革論に魅《み》せられた軍の若い連中は、曩《さき》に五、一五事件、二、二六事件を惹起《じやっき》し以《もっ》て国体《こくたい》を変革せんとしたが、斯々《かか》る小規模の撹《かく》乱《らん》では其《その》目的を達し得ざるを見……、支那事変の拡大より遂《つい》に日米英戦に導き、頗《すこぶ》る大規模にして且《か》つ当然長期となるべき戦争の遂行に依《よ》り、戦勝上の必要に藉口《しやこう》して、普《あまね》〔く〕庶政に容喙《ようかい》し、以て其目的を達せんとする大陰謀を企てあるものと自己の体験より判断し、且つ其悟《さと》る所《ところ》遅かりしを悔《く》い、自責の念に打たれて居《お》らるる如くである。

（伊藤隆・野村実編『海軍大将 小林躋造覚書』）

これは一種の陰謀論であり、あくまで近衛とその周辺の考えにすぎない。近衛は皇道派の荒木・真崎らと近く、梅津美治郎《うめづよしじろう》（のちに最後の参謀総長）を「統制派の巨頭」、池田純久を梅津の参謀として「尤《もつと》も危険な人物」と警戒していた（同書）。

戦争の前途に不安を抱く者は近衛を中心として集まったが、そのなかには、二・二六事件で九死に一生を得た岡田啓介元首相・予備役海軍大将も含まれている。岡田によれば、近衛は昭和十八（一九四三）年はじめ頃、岡山県・津山《つやま》にいた平沼騏一郎《ひらぬまきいちろう》元首相と連絡を取り合い、時局について相談している。

こうなっては黙って傍観しておられぬ、どうしても重臣全部で東条総理と会って、意見を闘わして見ないといかぬということになり、阿部《あべ》〔信行《のぶゆき》元首相・予備役陸軍大将〕君が東条総理と大変親しかったので、同君に頼んでだんだんその方向に持っていった。この時近衛公は、東条総理だけで出て来て貰《もら》いたい。そして重臣全部と会おうと言われた。（矢部貞治『近衛文麿』）

東條は毎月、総理大臣経験者ら重臣に戦況を報告していた。その内容は大本営発表とほとんど変わらないものだったが、この報告会には簡単な昼食が出る。これに対するお礼という名目で東條を呼び出そうとしたのだ（若槻禮次郎『明治・大正・昭和政界秘史』）。

重臣の一人・若槻礼次郎《わかつきれいじろう》によれば、東條に呼ばれていくと必ず企画院総裁の鈴木貞一《すずきていいち》（予備役陸軍中将）などが同席し、東條一人と話をすることができないので、この措置に出たという（同書）。しかし、この計画はうまくいかず、形を変えてのちに実現する。

前述のように、東條は近衛内閣で陸相を務め、陸軍の要求を強硬に主張した。そして首相になってはじめて首相であった近衛の苦労を知り、自分の協力が不足していたことを悔やんだ。そして今、その近衛を中心として、反東條ネットワークが形成されつつあった。

近衛は五摂家《ごせっけ》筆頭の公爵家に生まれ、首相就任以前から世間の注目を浴び、政変が起きれば首班候補として、あるいは「新体制」の担い手として期待されてきた。首相の座を降りたあとは存在感が薄くなったように見えたものの、今度は政権に不満を抱く者たちによって歴史の渦中《かちゅう》に押し出されたのである。

重光葵と大東亜会議

昭和十八（一九四三）年四月十八日、真珠湾攻撃以来、帝国海軍の象徴となっていた山本五十六連合艦隊司令長官が戦死した。前線視察のためラバウルから飛び立った山本長官機が最初の目的地ブーゲンビル島に差しかかった時、上空から一六機のP-38戦闘機が襲いかかり、撃墜。完全な「待ち伏せ」だった。

米軍の狙いは、「〝真珠湾攻撃〟を計画し」「ミッドウェー海戦を計画」した山本五十六を討ち取ることで日本側の士気を低下させ、「きわめて大きな打撃」を与えることにあった（W・J・ホルムズ著、妹尾作太男訳『太平洋暗号戦史』）。

山本戦死の二日後、東條は内閣改造に打って出る。この改造は「特に最近二週間程何人にも諮《はか》ることなく」構想を練ったもので、この日まで誰も知るものはなかった（伊藤ら『東條内閣総理大臣機密記録』）。

東條にすれば、雑音を排除して思い通りの人事を行ないたかったのだろう。なかでも、谷正之《たにまさゆき》外務大臣に替わって入閣した重光葵《しげみつまもる》には、「大東亜政策」の担い手として大いに期待していた。外相就任を要請された重光は、東條に「首相が暫《しばら》く（外相を）兼任せらる意思なきや」と聞くが、東條は「右は不可なり」と外相兼任を否定し、次のように続けた。

実は今度の新政策実行及《および》外交一般に関しては、御上《おか》みに於《おい》て非常に御心配あり。自分も是非十分遣《や》り度《た》く、為《た》めに御苦労を願う訳《わけ》にて改造は貴下の入閣を主とするものなり。

（伊藤隆・渡邊行男編『重光葵手記』）

つまり、東條の改造の要点は外交政策にあったのだ。外相就任前の重光は、駐華特命全権大使として南京《なんきん》国民政府にいた。南京国民政府とは、日本と戦争を続ける蔣介石と対立し、日本軍占領下地域に樹立された汪兆銘《おうちょうめい》を主席とする政体を指すが、日本の傀儡《かいらい》と見られていた。傀儡という表現が適切かどうかはともかく、軍事力を持たない南京国民政府が日本の強い影響下にあったのはまちがいない。

重光は、この状態を緩和しようと「対支新政策」の必要性を訴えていた。重光いわく、「換言すれば、支那を完全なる独立国として」取り扱おうとしたのである（重光葵『昭和の動乱 下』）。

一例として、租界《そかい》の返還が挙げられる。租界とは、列強が得ていた中国における治外法権地域のことで、日本は東條内閣改造前に返還していた。昭和天皇も新政策の必要性を深く理解しており、これを受けて、東條は自ら南京や上海《シャンハイ》に出張し、その実現に努力していた（同書）。

重光の入閣は、新政策をアジア全域に広げることを目的としていた。内閣改造から約一カ月後、「大東亜政略指導大綱」が決定される。その方針は次のようなものだった。

帝国は大東亜戦争完遂の為《ため》帝国を中核とする大東亜の諸国家諸民族結集の政略態勢を更《さら》に整備強化し以《もつ》て戦争指導の主動性を堅持し世界情勢の変転に対処す。政略態勢の整備強化は遅くも本年十一月初頭迄《まで》に達成するを目途《もくと》とす。（大東亜政略指導大綱）

これが、のちに「大東亜会議」として結実《けつじつ》する。大東亜会議とは、昭和十八（一九四三）年十一月に中華民国の汪兆銘、満州国の張景恵《ちようけいけい》、タイのワンワイ・タヤコン、フィリピンのラウレル、ビルマのバー・モウなど列国の指導者を東京に集めて行なわれた首脳会談である。その目的は、日本が掲げた「大東亜共栄圏（欧米支配を排除し、日本を中心とした共存共栄の新秩序）」の結束を誇示することにあった。

同会議の実現まで、東條と重光は二人三脚で協力していく（武田知巳「大東亜会議の意味」）。

打倒東條の策謀

昭和十八（一九四三）年も半ばを過ぎると、戦局は枢軸国《すうじくこく》（日本・ドイツ・イタリア・ハンガリーなど）側の不振が明らかになってきた。

北アフリカ戦線では独伊軍が連合国軍に降伏し、七月下旬にはファシスト・イタリアの指導者ムッソリーニが失脚する。失脚後にイタリアの指導者となったバドリオ元帥は、九月八日に連合国（アメリカ・イギリス・フランスなど）に無条件降伏した。日本でも、山本五十六の戦死に続き、五月二十九日に北太平洋のアッツ島で米軍の攻撃を受けた山崎保代《やまざきやすよ》大佐の守備隊が玉砕した。

戦争が不利になっていることは、東條の発言からも読み取れる。六月十三日、東京府立桜町《さくらまち》高等女学校の生徒らとサツマイモの苗を植えた東條は、次のような訓話をする。


皆さんは食べるものは米とか麦とかに限る様《よう》に思っているかもしれないが、毒草に非《あら》ざる限り何でも食べることは出来る。……政府としては、国民にひもじい目に合わせぬ様に各種の施策を講じていますが、国民としては此《こ》の戦争下にては食べられるものは何でも食べてゆくと云《い》う風な心構えで、其《そ》れを実行してゆく様にしなければならない。

（伊藤ら『東條内閣総理大臣機密記録』）

これは言葉だけではなく、東條自身もさまざまな食材を試している。その点では「率先垂範」ではあるが、国内の食料事情がもはや余裕がないことを示している。東條は自らを律することに厳しかったが、他人にもこれを強《し》いた。それは正論であるがゆえに、文句も言いづらかっただろう。

戦局の悪化にともない、「反東條」の動きも活発化してきた。その最初の動きは昭和十七（一九四二）年十月頃から始まり、翌年三月頃まで続いた。予備役の陸軍大将の宇垣一成と真崎甚三郎を担ごうとするもので、中野正剛もこれに加わっていた。

二つ目は予備役海軍大将の小林躋造を首班にしようとしたもので、こちらの工作は結局、東條内閣崩壊まで続いた（伊藤隆「昭和一七〜二〇年の近衛－真崎グループ」）。

これらのなかで、家柄が良く皇室とも近かった近衛文麿は、さまざまな場面に登場している。ただし、実際に策動していたのは予備役海軍大将の岡田啓介だった。岡田は昭和十八（一九四三）年八月、自宅に女婿の迫水久常《さこみずひさつね》大蔵省総務局長（のちに鈴木貫太郎《すずきかんたろう》内閣書記官長）や息子の貞外茂《さだとも》海軍少佐らを集め、重大な相談を持ちかけた。

「おい、久常、君、内大臣の木戸幸一さんに会って、東条内閣はいますぐ退陣すべきだといってこいよ」

（迫水久常『大日本帝国最後の四か月』）

天皇最側近で、かつ東條内閣成立の責任者の一人でもある木戸に直接切り込もうというのである。この時、岡田は「東条だって、むざむざ内閣を投げだすような男ではあるまい」と考えていた。そこで東條が面目《めんぼく》を失わずに退陣できるよう、「参謀総長に転出するように」取り計《はか》らうべく迫水に旨を含ませたのだった（岡田貞寛編『岡田啓介回顧録』）。

迫水が木戸と面会したのは八月八日正午。迫水は親友の美濃部洋次《みのべようじ》商工省機械局長と共に、木戸を有馬頼寧《ありまよりやす》伯爵邸に招いた。彼らは昼食を共に食べたあと、本題を切り出した。

両君〔迫水・美濃部〕より戦争完遂の観点より統帥部両首脳強化の必要を中心に意見の開陳《かいちん》あり、傾聴《けいちょう》に値《あたい》する部分もありしが、実現には余程《よほど》熟考を要する問題なり。

（木戸『木戸幸一日記　下巻』）

この「統帥の強化」という名目の東條更迭《こうてつ》策は結局、実現しなかった。木戸にとっては、東條内閣を潰《つぶ》すのは時期尚早だったのだろう。しかし、岡田が持ち出した「東條の参謀総長」は、のちに東條本人によって実現されることになる。

中野正剛の逮捕

「戦時宰相論」で東條の不興を買った中野正剛も、反東條に動いていた。中野は志《こころざし》を同じくする代議士らと謀《はか》り、近衛文麿・平沼騏一郎・岡田啓介の名で東條を呼び出し、退陣を迫ろうと画策する。岡田は木戸を通じた工作と並行する形で、別の方法でも東條打倒を図《はか》っていたわけだ。

しかし、この中野の試みは失敗する。昭和十八（一九四三）年八月三十日、東條は重臣の招きに応じて華族会館に出向いたが、海相嶋田繁太郎、蔵相賀屋興宣《かやおきのり》、外相重光葵らを帯同し、「東條単独への説得」を不可能にしたのである。

そして、中野正剛は警視庁特高部により、逮捕された。十月二十一日、前述の「戦時刑事特別法」によって全国で多数の人々が逮捕されるが、そのなかに中野が含まれていたのである。

問題は逮捕後に起こった。中野を検束したものの、中野を罪に問う証拠が見つからなかったのである。しかも、二十五日には臨時議会が招集されることになっており、鳩山一郎《はとやまいちろう》（のちに首相）など中野の同志は、中野解放を内務省に訴える。二十六日には開院式があり、その前に処理しなければならない。

当時、松阪広政《まつざかひろまさ》検事総長は秋田県に出張中だったが、東條の秘書官・赤松貞雄《あかまつさだお》から電話があり、急遽《きゅうきょ》中野について相談することになった。東條は同時に、岩村通世《いわむらみちよ》司法大臣、町村金五《まちむらきんご》内務省警保局長、薄田美朝《すすきだよしとも》警視総監、森山鋭一《もりやまえいいち》法制局長官、池田克《いけだかつ》司法省刑事局長、東京憲兵隊長四方諒二を呼び出していた。十月二十四日のことである。

開口一番、東條は中野を激しく非難する。

中野の日比谷《ひびや》〔公会堂での〕演説といい、戦時宰相論といい、全《まつた》く怪《け》しからん話だ。議会においては翼政会《よくせいかい》に入らず、自分の反対派となって居《お》り、つねに政府に反対の言論行動をなしている。平時なら兎《と》に角《かく》、戦時においては、こうした言動は利敵罪を構成すると思う。検挙して以来、取調べしているが、あのまま令状を出して起訴し、社会から葬《ほうむ》るべきである。

（緒方竹虎『人間中野正剛』）

翼政会とは、東條内閣下の昭和十七（一九四二）年五月に結成された「翼賛政治会《よくさんせいじかい》」のことで、衆議院のほとんどの議員が所属した政治団体である。しかし、中野含め少数の議員はこれに反発していた。

ちなみに、混同されやすい「大政翼賛会《たいせいよくさんかい》」は、近衛内閣下の昭和十五（一九四〇）年十月、国民総動員体制を目的に結成された官製組織であり、翼賛政治会のような政治団体ではない。つまり、大政翼賛会が目指した「一国一党」体制を実現したのが、翼賛政治会なのである。

東條の発言からは、中野への憎しみが伝わってくる。しかし、松阪は証拠も不十分であるし、代議士という中野の身分を考え、拒否しようとした（緒方『人間中野正剛』。以下、同書より）

「総理大臣は甚《はなは》だ失礼ながら中野のことになると感情でものをいって居《お》られる」

これに対して、東條は卓を叩《たた》いて反論する。

「総長こそ感情でものを言っている。私が総理大臣だから、権柄《けんぺい》ずくでものを言うと思って感情的に反対するのだろう、怪《け》しからん」

ここで松阪が改めて「二十五日午前一杯に、自白しないと間に合わない」と、その無謀を嗜《たしな》める。東條は薄田警視総監にも聞くが、こちらも自信はないと否定的である。ただ一人進み出たのが、四方東京憲兵隊長だった。

「総理、私の方でやりましょう」

かくて翌二十五日、中野の身柄は警視庁から東京憲兵隊へと移された。

切腹

以上は、中野の親友である緒方竹虎《おがたたけとら》朝日新聞主筆（のちに吉田茂内閣の副総理）が戦後に記した著書に依《よ》っている。しかし、その場にいた松阪は、戦後になっても中野逮捕について何も書いていない。ただ、晩年に朝日新聞の記者には次のように語っていた。

東条という人は中野君を嫌っていましてね。検事総長である私を呼びつけて、官邸に来いというのです。……その席で、首相を攻撃するのは利敵行為だというわけです。しかし、憲法は言論の自由を保障しているのだといって反論したわけです。東条首相と中野君の事件は、緒方君が公正に書いてくれています。

（松阪廣政伝刊行会編『松阪廣政伝』）

しかし、東條の秘書らが詳細に記録した日記では、様相がやや異なる。まず、書記官長の星野直樹が参加している。さらに、四方の発言「私の方でやりましょう」が見あたらない。

東條が中野の「処置」を迫り、松阪が否定的であることは一致するが、松阪が東條を「感情的」として非難する記述はない。それどころか、松阪の「法律上之《これ》は仲々《なかなか》容易には出来ぬ」との答えに対して、東條は「私は法を枉《ま》げてやれとは云《い》っておらぬ。法の解釈で合法的にやれぬかを伺《うかが》って居《い》るのだ」と答えている（伊藤ら『東條内閣総理大臣機密記録』）。

『松阪廣政伝』と『人間中野正剛』は戦後になってからの記述で、対象人物を評価することが目的である。いっぽうで、『東條内閣総理大臣機密記録』は、記述がほぼリアルタイムであり、こちらのほうが学問的に史料としての価値が高い。この観点から見れば、同書のほうが事実に近いと言うべきだろう。

ただ、十月二十五日に中野が四方の元に引き取られたことは事実である。そして、中野は東京憲兵隊で「造言蜚語《ぞうげんひご》」を「自白」した。その嫌疑は――昭和十八（一九四三）年二月上旬、渋谷《しぶや》にある自宅において、二人の知人に「何等《なんら》確実なる根拠なくして」陸海軍が作戦で一致した行動を取らず、ガダルカナル島で数万の犠牲を出したという「趣旨の言説」を述べ、「造言蜚語」をなした――だった（田々宮『中野正剛』）。しかし、憲兵隊でどのような取り調べが行なわれたかは判明していない。

二十五日正午頃、東京憲兵隊は松阪検事総長に電話を入れ、中野が自白したので裁判所に勾留請求をするよう要求した。松阪含め検事たちはこれを無理筋と考えたが、予想通り、東京刑事地方裁判所によって却下された。

取調室にいた中野はすぐに解放され、警視庁へと連れて行かれた。中野は事情あって警視庁で一晩過ごすことになるが、これが彼の運命を決めた。翌二十六日、朝早く起きた中野を迎えにきたのは、なぜか東京憲兵隊長の四方だったのである。

四方は中野を黒塗りのクライスラーに乗せると、九段下の東京憲兵隊の庁舎へと連れていく。中野はここに長時間とどめおかれ、午後一時にようやく解放された。この時、内部で何があったかはわかっていない。

自宅に帰った中野には憲兵の見張りがついてきたが、午後十時頃寝室に入った。そして翌二十七日午前六時頃、代議士・中野正剛は死体で発見された。作法通りに腹を切り、そのうえで喉《のど》を突いていた（田々宮『中野正剛』）。

誰が〃殺した〃のか？

中野正剛の死については謎も多く、ここではその詳細には立ち入らない。ただ、東條との関連について触れておきたい。中野の自殺後しばらくして、東條・中野双方と親しい朝日新聞の記者・高宮太平《たかみやたへい》が東條を訪ねており、この件が話題に上った。

「中野さんが、自殺したのですね、世間では閣下が殺したように言っていますが……」

「フン」

「何かあったのですか」

「君は福岡だったね、中野と何か関係があるのか」

「〔新聞記者の〕先輩として尊敬しています。ことに犬のことでは特別に懇意に願っていました」

「犬のことなど聞いているんじゃない。君は中野の家来か」

「家来ではありません、家来ということならむしろ緒方さんの家来といった方がよいでしょう」

「それならやっぱり中野の家来じゃないか」

「そういうことにはならないのです」

「どんなことになるにしてもだね……」

東条はここで言葉をきって筆者の顔をじっと見ていたが、

「中野のことで俺に文句をつけようというのなら……面倒になるぞ。中野は国賊だッ。国賊の片棒かつぐ気か……。まあ、よそう。君との友情（友情という言葉に強く力を入れた）をここでうちきりたくない。もうこの話はよせ、いつか話すこともあろう」

おしまいの言葉は力がなく、何かガックリしたように思えた。（高宮『昭和の将帥』）

東條は、高宮が言う「世間」の噂を否定するでも肯定するでもなく、ただ「国賊」と罵倒した。これでは、東條が中野に自殺を強要したのかどうかはわからない。

いっぽう、四方をはじめ、取り調べにあたった憲兵は、戦後も中野の自殺への関与を否定している（田々宮『中野正剛』）。しかし、この状況で何の関与もないとは考えにくい。

傍証もある。在チリ公使館附武官を務めて昭和十八（一九四三）年に帰国した中山定義《なかやまさだよし》海軍中佐（のちに海上幕僚長）はある日、四方から宴席に招かれた。中山によれば、宴席には四方ともう一人、軍服姿の憲兵中佐がいたが、四方は和服の着流し姿で鉈豆煙管《なたまめぎせる》で刻みタバコを吸っていた。その姿は「時代劇でも見るようですこぶる珍しく」映ったという。

会話はとりとめのないものだったが、最後に四方は中山に対し、「海軍でも、邪魔《じゃま》になる奴があったらいつでも言ってくれ（海軍には固有の憲兵はない）、中野正剛も……」とあとを濁《にご》しながら言ったという。中山はこの発言、すなわち海軍側への遠回しな脅《おど》しこそ、会合の目的だったのではないかと感じたそうだ（中山定義『一海軍士官の回想』）。

これでは、四方は東條の「番犬」であり、「猟犬」のようだ。後述するが、東條内閣末期の四方の行動は、まさしく「猟犬」だった。東條自身は中野を死なせようとまでは思っていなかったかもしれないが、その意思を過度に尊重した四方以下によって、何らかの材料を盾《たて》に自殺を迫られたのかもしれない。

そう考えると、高宮に対して東條が「中野は国賊だ」と罵《ののし》ったのも、ある意味、中野の死を自分のなかで正当化しようとしたからなのかもしれない。天皇陛下の信任を受けた自分を批判し、あまつさえ打倒しようとした中野は、東條にすれば「国賊」だったのだろう。

高宮の問いかけに対して賛否を明らかにしなかった東條は、複雑な心境だったに違いない。それでも、「部下が勝手にやった」と言うほど、東條は無責任でも悪人でもなかった。そのあたりが、慕《した》う部下が少なくなかった東條の人間的魅力であり、また弱点でもあったのだろう。

東條が激怒した理由

東條と中野の関係について、もう一つ触れておきたいことがある。両者確執《かくしつ》のきっかけが中野が執筆した「戦時宰相論」にあることは前述したが、なぜ東條は記事の取り消しを命じ、最終的には強引な中野逮捕まで踏み切ったのだろうか。

中野の記事は東條批判ではなく、東條を激励しているとも読むことができる。現に中野の記事は検閲をパスしており、四方の部下だった塚本誠《つかもとまこと》憲兵中佐（のちに電通取締役）などは、これを一読して東條への積極的な忠言であり、激励であるととらえ共感したという（塚本誠『ある情報将校の記録』）。

となると、東條が怒った理由はどこにあるのか。

一ノ瀬俊也《いちのせとしや》埼玉大学教授は、ドイツのルーデンドルフ将軍が著書『総力戦』で「軍隊及《およ》び国民の給養」にまで細かく気を配る指導者が総力戦時代を率いる「総帥」の条件であると説いていることから、これと東條の考え方の関連性について指摘している。そして、東條が同時代のヒトラーやローズヴェルトが自ら大衆のなかに分け入っていく「カリスマ指導者」を演じていたことに倣《なら》い、「自己を『総帥』『カリスマ指導者』として演出しようとしたのではないか」と推論している（一ノ瀬俊也『「総力戦」指導者としての東條英機』）。

そうした東條にとって、「戦時宰相論」のなかで「ヒンデンブルクとルーデンドルフとは、戦線の民衆即兵士と共にある時には強いが、国民感情から遊離し、国民から怨嗟《えんさ》せらるるに及びては、忽《たちま》ち指導者として腰抜けとなってしまった」と非難されることは、自身の努力が罵倒されたと感じて「その怒りに火をつけたのではなかろうか」としている(同論考)。

興味深い論説である。しかし、疑問も感じる。まず、一ノ瀬自身が述べているように、東條がルーデンドルフの『総力戦』を読んでいたかが不明なことである(読んだ可能性ももちろんある)。

次に、ローズヴェルトのアメリカやヒトラーのナチス・ドイツと日本の「国体」が、決定的に異なることである。大日本帝国においては天皇こそが最高の権威であり、いかなる英雄であってもそれを超えることはない。東條は誰よりもそれを理解し、心底《しんそこ》日本の「国体」を誇っていた。

昭和十七(一九四二)年二月十八日、第一回の太平洋戦争奉祝《ほうしゆくび》日のこと、総理官邸には戦勝祝いに多数の人々が押しかけ、東條は特別に官邸の玄関先に入ることを許可した。

其《そ》の団体指導者が「東條総理大臣万歳」を唱《マ》ば《マ》んとした処《ところ》、「天皇陛下万歳」を奉唱せよと命ぜられ、共に万歳を三唱された。

(伊藤ら『東條内閣総理大臣機密記録』)

また、同年二月二十一日には、次のようなことも述べている。

御上《おかみ》は神格《しんかく》であらせられる、我々は人《じん》格《かく》である、奏上の折には御上から御尋《おたず》ねがあり何とも頭が下《さが》ることが非常に多い、我々臣下としては、いくら努力しても人格の域に過ぎない、日本の有《あ》り難《がた》さを痛感する。

(同書)

昭和天皇と東條

昭和15(1940)年10月21日、紀元二千六百年記念観兵式において昭和天皇から勅語を賜る東條陸相

東條にとって、戦勝の栄光は天皇の「御稜威《みいつ》」なくしてはあり得ず、己の指導力も最終的には天皇の権威に依るものだった。ある意味、超人間的存在である「カリスマ」は、「神格」である天皇を戴く日本にはそぐわない。「人格」である東條英機が「カリスマ」を演じるとは思えないのだ。

筆者は、単純に「戦時宰相論」の「誠忠に謹慎に」あたりに、激怒の理由があると考えている。これほどまでに天皇を敬《うやま》い、忠実たらんとしている自分に対し、「忠誠心が足りない」(とも読める)とは何事か、と。

東條は「戦時宰相論」の時に中野を抹殺する考えはなく、「この非常時にけしからん」くらいの心境だったのだろう。しかし、東條の心中に「中野正剛」の名は要注意人物として刻まれ、やがて総理に忠実たらんとする憲兵の過剰な「奉公」が、一人の代議士を自殺に追い込んだのではないだろうか。

絶対国防圏

昭和十八(一九四三)年九月三十日、昭和天皇臨席の御前会議にて「今後採るべき戦争指導の大綱」が採択された。このなかに「帝国戦争遂行上太平洋及《および》印度洋方面に於《お》いて絶対確保すべき要域を千島《ちしま》、小笠原《おがさわら》、内南洋《うちなんよう》（中西部）及《および》西部『ニューギニア』『スンダ』『ビルマ』を含む圏域とす」と記された部分がある。いわゆる「絶対国防圏」である。

文字通り「この域内から内側には敵を入れない」防衛ラインの設定だが、海軍がトラック島（現・ミクロネシア連邦のチューク諸島）を含むと考えていたのに対し、陸軍は同島を重視していないなど、当初から陸海軍間の認識と思惑《おもわく》にズレがあった（杉田一次『情報なき戦争指導』）。

さらに、陸軍内でも異論があった。同年十二月にニューギニアのウェワクに派遣された大本営陸軍部第二部（情報担当）の堀栄三《ほりえいぞう》少佐は、同地で指揮を執《と》る第四航空軍司令官寺《てら》本熊市《もとくまいち》中将から、絶対国防圏への批判を聞かされている。

大本営作戦課はこの九月、絶対国防圏という一つの線を、千島―マリアナ諸島―ニューギニヤ西部に引いて絶対これを守ると言いだした。一体これは線なのか点なのか？　いま仮りにウェワクに敵が上陸してきたとして、どこの部隊が増援に来られるか？

……要するに制空権がなければ、みんな点（孤島）になってしまって、線ではない。線にするにはそれぞれの点（孤島）が、船や飛行機で繫《つな》がって援軍を送れなければいけない。……大事な国防圏というのが有機的な線になっていないから、米軍は自分の好きなところへ、三倍も五倍もの兵力でやってくる。日本軍はいたるところ点になっているから玉砕以外に方法がない。

（堀栄三『大本営参謀の情報戦記』）

実際に、制空権のない日本は、米軍が太平洋の島嶼《とうしょ》部を攻撃しても援軍を送ることができず、次々と玉砕していった。「守るべき範囲」を指定するまでは良かったが、その領域を守るだけの力がなかったのである。

この構想は、海軍が戦前から持っていたものだった。国防圏を第一線として哨戒し、日本本土に決戦部隊を置き、敵来たらば即座に出撃して撃滅する戦略である（中澤佑刊行会編『海軍中将 中澤佑』）。

しかし、島嶼部の防御が堅固、かつ自在に援軍や物資を送り込める状況なら、それは可能であろうが、寺本の言うように制空権を失った状況では困難である。そのことは当事者たちもわかっていたことであろうが、それでもこうした方法を取らなければならなかったところに、当時の日本の苦境がうかがえよう。

追い詰められた東條

戦況の逼迫は、陸海軍間の亀裂を表面化させた。陸海軍共に航空機の重要性を認識していたが、問題は資材が不足していることだった。少ない資材をめぐって、陸海軍で配分の争いが起こったのである。

昭和十八（一九四三）年十一月一日、軍需生産の拡大を目的として商工省と企画院を統合し、軍需省が誕生。省内には陸海軍の航空兵器を一元的に管理し、増産するために航空兵器総局が設置された。

軍需大臣は東條が兼務、次官は直前まで商工相だった岸信介《きしのぶすけ》（のちに首相）、航空兵器総局長官に遠藤三郎《えんどうさぶろう》陸軍中将、同局ナンバー2の総務局長に大西瀧治郎《おおにしたきじろう》海軍中将が就任した。航空畑で長いキャリアを持つ大西はのちに特攻戦術の推進者の一人となり、終戦時に自決している。

航空兵器総局の人事でも、陸海軍は争った。海軍は航空のベテランの大西に決定していたので、陸軍では中将の遠藤ではなく、大将クラスを送り込もうと画策する。しかし嶋田繁太郎海相は、海軍は遠藤以外では承知しないと東條に直談判。東條は、陸海軍の対立を避けるためにこれを受け入れている（遠藤三郎『日中十五年戦争と私』）。

航空の素人《しろうと》である遠藤が大西のロボットにされるのではないかとの懸念《けねん》もあったが、大西は職員一同の前で「長官の思いのままに命令して下さい、我々は長官の意を体《たい》してその実現に虚心《きよしん》努力します」と述べ、遠藤を長官として尊重したという（同書）。

このことからもわかるように、東條は陸海軍の対立回避に神経を使い、海軍側へ譲歩することも少なくなかった。およそ「独裁者」とは、ほど遠い態度である。

しかし海軍に譲歩し、航空機の生産を効率化しようと官庁を新設しても、戦局はいっこうに好転しない。東條の憂色は、濃《こ》いものとなる。

近衛文麿の「反東條」の動きが積極的になったのも、この頃だった。十月三十一日、細川護貞は近衛に電話で呼び出され、次のように告げられた。

陸下に奏上する政府の意見なり情報が必ずしも正確ではないこと。悪い方面は極力秘して居《い》ること。又《また》顧問官から申し上げることに就《つ》いても一々《いちいち》政府で干渉し、前途に対する悲観的情報は一切《いっさい》申し上げることを許さない有様《ありさま》であるし、木戸内府（内大臣）は全《まった》く政府の欠点については知り乍《なが》ら申し上げないのだから、陸下には真相をお伝えすることが全く出来ない。（細川『細川日記(上)』）

唯一の希望は皇族だが、昭和天皇は直宮《じきみや》（天皇と直接の血縁がある皇族）の話しか聞かない。しかし、秩父宮雍仁《ちちぶのみややすひと》親王（陸軍大佐）は病臥中、三笠宮崇仁《みかさのみやたかひと》親王（陸軍少佐）はまだ若い。残る高松宮宣仁親王（海軍大佐）を通じて昭和天皇に真相を伝えたいから、情報収集の役目を頼みたいと言われたのだ（同書）。

かくて、細川は軍人・政治家・官僚・ジャーナリストなど、さまざまな人々に会い、情報を収集するようになる。この動きは必然的に東條打倒の計画と結びつき、やがて暗殺計画まで持ち上がる。そして東條もまた、重大な決断を下そうとしていた。参謀本部誕生以来例のない、陸軍大臣による参謀総長の兼任、すなわち軍政と軍令の統一である。

第四章

集中する権力

1944年

昭和19(1944)年1月、国会での演説

昭和天皇の叱責

昭和十九（一九四四）年二月九日、昭和天皇は参謀総長・杉山元と軍令部総長・永野修身を宮中に呼び、統帥部への不満を述べる。

航空機の分配の問題は未《いま》だに決定せざる様子であるが、前線の将士は陸海軍一致相《あい》協力して命を賭《と》して奮戦し居《お》り、又《また》銃後の国民は難《なん》を忍び増産に邁進《まいしん》し居り、或《あるい》は重き租税の負担に堪《た》えて一意《いちい》国家の為《ため》に働けるに、本問題の如《ごと》きにつき陸海の首脳部が遂《つい》に意見一致せず、惹《ひ》いては政変を起こすが如きことがあっては国民はそれこそ失望して五万機が一万機も出来ないことになるだろうと思う。真《しん》に此《この》点を心配し居るから宜《よろ》しく互譲の精神を以《もっ》て速《すみ》やかに取纏《とりまと》むる様《よう》することを望む。

（木戸『木戸幸一日記　下巻』）

言葉はおだやかであるが、二人の総長が非常時にもかかわらずセクショナリズムにとらわれていることを叱責している。杉山・永野共に、身の置き所がなかったことだろう。

同じ頃、東條にも大きな衝撃を与える出来事があった。海軍の重要な根拠地の一つ、内南洋のトラック島が猛攻撃を受けたのである。海軍は米軍の反攻に備えて大部分をパラオや内地に移動させており、トラック島には第四艦隊司令部および麾下《きか》の艦隊と航空機若干が残っていた。また、陸軍は第五二師団がいた。

二月十七日早朝から日の暮れるまで、トラック島は合計五〇〇機の米軍の空襲を受け、軍艦九隻と輸送船三一隻が沈められ、航空機二七〇機を喪失、死傷者は六〇〇人を数えた。

東條の秘書官・井本熊男によれば、東條はしばしば「統帥権独立という制度の下では戦争指導はできない」と述べていたという（井本『作戦日誌で綴る大東亜戦争』）。

陸海軍でも「X（航空兵力の統合）、Y（統帥部一体化）、Z（陸、海軍省合体、すなわち国防省）」などが研究されてきた。しかし、これらは諸般の事情で実現せず、戦況の悪化にともなっておたがいの責任追及が激しくなるなど、むしろ対立や不信感を増大させていた（防衛庁防衛研修所戦史室『戦史叢書　大本営海軍部・聯合艦隊〈5〉第三段作戦中期』）。

このうえで、昭和天皇直々《じきじき》に統帥部への不信感を表明されたのであるから、東條としてもなんとかしなければと思ったに違いない。

井本も、東條と嶋田繁太郎海相が参謀総長・軍令部総長を兼任したのはトラック島への大空襲が契機であり、東條の強い意思であることを認めつつ、その根源にあったのは「天皇の統帥部に対する御不信にあった」と記している（井本『作戦日誌で綴る大東亜戦争』）。

墜《お》ちた権威

もう一つ、東條にとって大きな事件があった。それが、岡田啓介ら重臣たちと東條の会合である。

岡田による、東條呼び出し・辞職勧告工作は前述の通り、東條が閣僚を引き連れてきたために失敗したが、岡田はあきらめず何度か東條との会合を重ね、とうとう東條一人を呼び出すことに成功したのだ。岡田が「みんなで匕口《あいくち》を東条に突きつけた」と表現しているように、東條は相当やられたようだ。なかでも、もっとも痛烈に東條批判を行なったのは若槻礼次郎だった。

若槻の回想によれば――本来この戦争は「勝負なし」（引き分け）で終わればいいと思

っている。ならば戦争を長引かせるのは不得策であるから、バチカンやスペインといった中立国へ使節を派遣し、うまくきっかけを掴《つか》むべき――と東條へ詰め寄ったという（若槻『明治・大正・昭和政界秘史』）。これに対して、東條は「それはその通りだが、今日となってはすでに交通が杜絶《とぜつ》し、策の施《ほどこ》しようがない」と苦笑した（同書）。

いっぽう、岡田の回顧録では苦い顔をして「そんな手立てはない」と言ったことになっており（岡田『岡田啓介回顧録』）、東條の生真面目《きまじめ》な性格からして、このほうが実情に近いように思える。

その後、近衛文麿がこの会合の模様を周囲に言いふらすことで、東條の権威は失墜していく。議会でも東條を恐れる者は少なくなり、演説にも拍手がなくなったという。

この会合が、東條の参謀総長兼任を決断させたという、岡田の主張を取り上げる研究もある（筒井清忠『近衛文麿』）。筆者も同感である。失墜した権威を、自分に権力を集中させることで乗り切ろうとするのは十分考えられることだ。

さらには、国内の人心を倦《う》ましめないこともあっただろう。いかに大本営が真相を隠そうと、いつまでも国民すべてを騙《だま》し切れるものではない。長期戦の様相を見せ始めた戦争への国民の不満は、やがて厭戦《えんせん》感情に至る。それを避けるためにも、総力戦の指導者としてふさわしい強力な権力を手中に収めれば、ひとまず国民には良い印象を与えられるからだ。

「東條包囲網」が予想外の広がりを見せ、自分の近くにまで迫っていることは東條の神経を刺激したに違いない。

前代未聞の参謀総長兼任

ついに、東條は決断する。「はじめに」でも述べたように、昭和十九（一九四四）年二月十八日、内大臣木戸幸一に面会し、軍部大臣が統帥部トップを兼ねることを伝えたのだ。軍政と軍令の統一である。東條は、翌十九日にも木戸を訪問。そして、木戸を通じて伝えられた昭和天皇の「御下問《ごかもん》の統帥権の確立」について、次のように述べた。

思《おぼ》し召《め》しの点は充分考慮し居《お》り、厳《げん》に此点《この》は区別して取扱う旨《むね》、又《また》、今日《こんにち》の戦争の段階は作戦に政治が追随するが如《ごと》き形なれば、弊害はなしと信ずる。

（木戸『木戸幸一日記 下巻』）

そして同日午後五時半頃、木戸に電話で「杉山〔参謀〕総長は承知せり」と知らせている（同書）。しかし実際には、この時点で参謀本部および杉山は同案を了承していなかった。当時、陸軍次官だった冨永恭次《とみながきょうじ》の回想によれば、東條はこの日、冨永を総理官邸に呼ぶと一気にまくしたてたという。

「今後、オレが参謀総長を兼任する。杉山総長にこの旨《むね》を伝えてこい。〔参謀〕次長は二人にする。君はたぶん反対だろうが、後宮淳《うしろくじゅん》〔陸軍大将。士官学校で東條と同期〕を呼んである。今日の昼すぎにここにはくるはずだ」

（稲葉正夫解説『現代史資料(37) 大本営』）

冨永は、さすがにわが耳を疑い、「しばし棒立ち、茫然自失《ぼうぜんじしつ》の態《てい》」だったという（同書）。ちなみに、冨永の回想では東條が冨永を呼びつけた日を「二十日」としているが、十九日のまちがいだろう。

東條が冨永に命じたのは、木戸に杉山更迭と自身の参謀総長兼任を伝えた翌日＝十九日である。そして木戸は、十九日午後五時半頃に「杉山総長は承知せり」と東條から聞いた、と記している。しかし、真田穣一郎《さなだじょういちろう》参謀本部第一部長は、二十日に「昨十九日午後七時より」三長官会議が開かれて東條による総長兼任が決まった、と杉山から聞かされている（真田穣一郎「太平洋戦争における戦争指導について（含南東方面作戦メモ摘要及補遺）」）。

つまり、東條が木戸に伝えた時点では三長官会議は開かれておらず、杉山は東條の参謀総長兼任を承諾していない。

ちなみに、三長官会議とは帝国陸軍の最高幹部である三長官、すなわち陸軍大臣・参謀総長・教育総監が参集して、幹部人事などを決める会議のことだ。

ただし、真田の手記によれば、杉山のもとへ「午後突然陸軍次官が来て」とあるから、東條は冨永を杉山のもとへ派遣し、その後すぐに木戸へ電話を入れたのだろう。

杉山元の反発

冨永は「茫然自失」したものの、東條側近の一人として忠実に命令をはたすため、杉山を説得にかかった。

「今次の戦争が非常に苛烈を加えて来たので此際《このさい》統帥と政務を一層《いっそう》緊密にし且《か》つ仕事を簡易迅速に運ぶ為《ため》参謀総長を陸相が兼任することにし度《た》いと大臣は考えている。而《しか》して今日の元帥府は何等《なんら》活動をしていないので元帥府が一層活動する様《よう》に致《いた》し度と御同意を願いたい」

（真田「太平洋戦争における戦争指導について（含南東方面作戦メモ摘要及補遺）」）

元帥府がいっそう活動するように、と言っているが、要するに、杉山に総長から退いてくれ、と要求しているにすぎない。

杉山は「統帥と政務とは伝統として一緒になってはいけない」として反対する（同史料。以下の会話、同じ）。結局、同日午後七時から三長官会議が開かれた。陸軍大臣として会議に出席した東條は、同席した冨永に趣旨を説明させたのち、自身の口から兼任が必要である旨を述べた。

「此《この》非常の際なるが故《ゆえ》に総長を私が兼ねるが最善と思う。今日迄《まで》元帥府が機能を発揮していない。仍《よっ》て一週間に一回位づつ宮中に参集され有力なる献策が願わしい。又《また》次長を二人として第一次長は作戦第二次長は後方とするを可とせずやと思う」

これに対して杉山は、統帥権独立という「伝統」を盾に反対する。

「若《も》し大臣が兼任するのでは今日迄永年伝統の常則《じょうそく》を破壊することになる……。後宮《うしろく》を第一候補と考えらるるならば二人が十分一体となり肚裏《とり》を合わせ統帥と政務が一体となって進むを可とする」

東條は次のように反論する。

「新総長を作ると言うことは此逼《この》迫せるとき新総長が力を出すには相当日子《にっし》がかかる。マーシャル、トラック方面のことは一刻も猶予《ゆうよ》すべきに非《あら》ず。之《これ》には自分が出るのが一番良いと思う」

新しい人物を総長にすれば、総合的な戦況・戦局を理解するまでに時間がかかる。だが、自分は十分承知していると言うのだ。しかし、杉山は納得しない。

「そう言うが一人の人間が二つの仕事をする時にどうしても相背馳《あいはいち》するとき何《い》れ《ず》を重しとするか?」

これに対して東條は「心配全然なし」と答えるだけで、具体的にどのような対応をするかは避けている。杉山はさらに、反対の理由を述べる。

「第二点は悪例を将来に残す。之《こ》れが例になり将来今度の事に藉口《しやこう》して首相が総長と兼ねることとなる恐れあり」

今この戦争を乗り切ることが重要という東條の訴えに対して、杉山の発言は旧来の政軍関係に終始している点で、切迫感が欠けているように見えてならない。

杉山の懸念は、「将来文官総理、もしくは文官総理に忠実な予備役の将官が参謀総長になる悪例になるのでは」、もっと言えば「統帥権の独立が脅かされるのではないか」という点にあった。もっとも、東條も首相を経験せずに、杉山の立場になっていたら、似たような考えをしたかもしれない。首相になってはじめて、近衛内閣における陸相としての自分を反省したことからも、それは容易に想像できる。

東條は次のように述べ、杉山の心配を否定しようとする。

「いやそんなことはない。自分は大将、参謀総長も現役の大将、その両者を兼ねる。現役以外のものは出来ないではないか?」

杉山は「それはいかぬ。現役以外のものでも出来る法令を変えてでもやれる端緒とならずや?」と納得しない。杉山は、ここで譲れば「蟻《あり》の一穴《いっけつ》」のごとく崩れていくことを心配したのだ。

激論を制した〝切り札〟

東條も引くわけにはいかない。「此《この》大戦争に常道を変えてでも戦争に勝つ道があるならばやらねばならぬ」ことを強調した。対して、杉山は「それはいけない。こんなことを君がやったら陸軍の中が治りませぬぞ」と、軍の統制が取れないことを持ち出す。東條は織り込みずみだったようで、次のように返している。

「それはそんなことは無い。若《も》し文句を言う者があればとりかえたら良い。文句は一切言わさない」

批判者に対しては、厳しく対処する旨を明言したのだ。中野正剛ら議会人と異なり、陸軍内であるから、命令一下《いっか》なんとかなると考えたのかもしれない。けだし、陸軍大臣として人事権を持っている。座が白けかけたところで、冨永次官が杉山に次のように問うた。

「それならば総長御不同意で大臣が奏上するなら総長は単独上奏をなさるか」

これは重要な点である。陸軍大臣と参謀総長の意見が一致せず、それぞれが単独で上奏したらば、内閣は崩壊しかねない。杉山はこれに「する」と答えている。すると、東條は最後の手段として、昭和天皇の権威を持ち出した。

「陛下は私の心持を既《すで》に御存知です。総長が単独上奏をすれば私は私の考《かんがえ》を覆《くつがえ》さねばならない、何とか御同意を得られないか」

同席していた山田乙三《やまだおとぞう》教育総監も東條に同意する。

「統帥、軍政、教育三権分立で進み来《きた》れるは伝統のよき道で当然のこと。志《し》かし茲迄《ここまで》逼迫して来た時首相の言うことも変則なやり方として一《いち》方法ではないかと思う」

東條はさらに「何とか考えて貰《もら》いたい」と畳《たた》みかけ、杉山はついに納得する。真田は、杉山の言葉を次のように記している。

陸相の決意堅《かた》く深刻なるものあり。昼間も反省を促《うなが》し三長官会議でも執拗《しつよう》に反省を促したけれども駄目であった。これ以上此《この》時期に頑張ってゴタゴタを起こしてもと考えて「〝大東亜戦争下に於《お》ける特例にして今回限りの非常の処置である〟と言うことで同意しよう……」以上の様《よう》に決定した。

こうして、ついに杉山は東條の参謀総長兼任を認めた。杉山はこのことをしっかりと記録にとどめておくように指示し、海軍にも以上の趣旨を伝えることを念押ししている。杉山いわく「統帥の純」から言えば自分が正しいが、この「いくさに捷《か》つ為《ため》には」東條に思うようにやらせなければならない、とやむなく折れたのだという。

海軍部内の反応

いっぽう海軍では、陸軍ほど揉《も》めることはなかった。

二月十九日午後、東條から内閣改造と軍政担当者が軍令を兼ねる案を聞かされた海軍大臣・嶋田繁太郎は同日夜、軍令部総長の永野修身を訪ねる。永野は「海軍の人事に関しては何等《なんら》異論なし」とするも、杉山と同じく「統帥に対し政治の関与する恐《おそ》れ」があること、「政治問題が統帥に累《るい》を及ぼす惧れ」があること、そして長年の伝統である「統帥の独立」を乱す恐れがあると反対した（軍事史学会編、黒沢文貴・相澤淳監修『海軍大将嶋田繁太郎備忘録・日記I』）。

永野の反対にあった嶋田は、元帥海軍大将・伏見宮博恭王《ふしみのみやひろやす》のもとに向かう。前軍令部総長、しかも皇族である伏見宮は、海軍における最高権威の一人だった。

永野の言《げん》は一理あるも、其《それ》は人に依《よ》ることとなり、嶋田なれば軍令部に長く勤務し、軍令部改正には軍令部側として当《あた》り統帥の独立に就《つ》き充分に考《かんがえ》のあるものなるにより可と思う、人に依りては考えものにて又《また》戦後にはなすべきことにあらず、此《こ》の非常の戦局に際しては反《かえ》って可ならん、誠に結構と思う。　（同書）

伏見宮は、積極的に軍政と軍令の統一を擁護しているのである。伏見宮の威光は大きく、嶋田は帰りに永野と面会して宮の意向を伝えると、永野はなんなく同意した。

ただし、まったく反対がなかったわけではない。かつて、東條と近衛の会談をセッティングした高松宮宣仁親王は二月二十日、嶋田の総長兼任を知ると、「嶋田海相が総長を兼ねては一大事なれば」と伏見宮に手紙を認《したた》め、これをやめさせようとした。しかし翌日、高松宮を直接訪ねた伏見宮は「嶋田大将御信任ありて辞めさせる様《よう》言えぬ」と述べ、高松宮を残念がらせている（高松宮『高松宮日記』第七巻）。

こうして、東條と嶋田は軍政・軍令を兼ねることになった。東條はこの時点で首相・陸相・軍需相・参謀総長を兼任し、巨大な権力を手中にしたかに見える。しかし、そもそも不利な戦況下で「説得」という方法でしか役職を得られなかったということは、それ自体「独裁」とはほど遠い状態だったと言わざるを得ない。それだけ、軍政と軍令の分離、「統帥権」の壁は厚く高かったのである。

では、なぜこのような制度が作られたのだろうか。明治維新の立役者たちも、当然ながら混乱をもたらすために作ったわけではない。彼らの目的はいったいなんだったのだろうか。

大日本帝国の「軍政」と「軍令」

近代日本に、国防を担当する官庁「兵部省《ひょうぶ》」が設置されたのは、戊辰戦争が終結してまもない明治二（一八六九）年七月のこと。初代兵部卿《ひょうぶきょう》は、仁和寺宮嘉彰《にんなじのみやよしあき》親王（のちに小松宮彰仁《こまつのみやあきひと》親王）だった。仁和寺宮は日清戦争で出征軍を率いるなど、明治初期を代表する皇族軍人の一人である。

兵部省という名称からもわかるように、陸軍と海軍も、軍政と軍令も分かれてはいなかった。その規模は昭和期と比較にならないほど小さく、おそらくは分割するという発想す

軍政・軍令機関の変遷

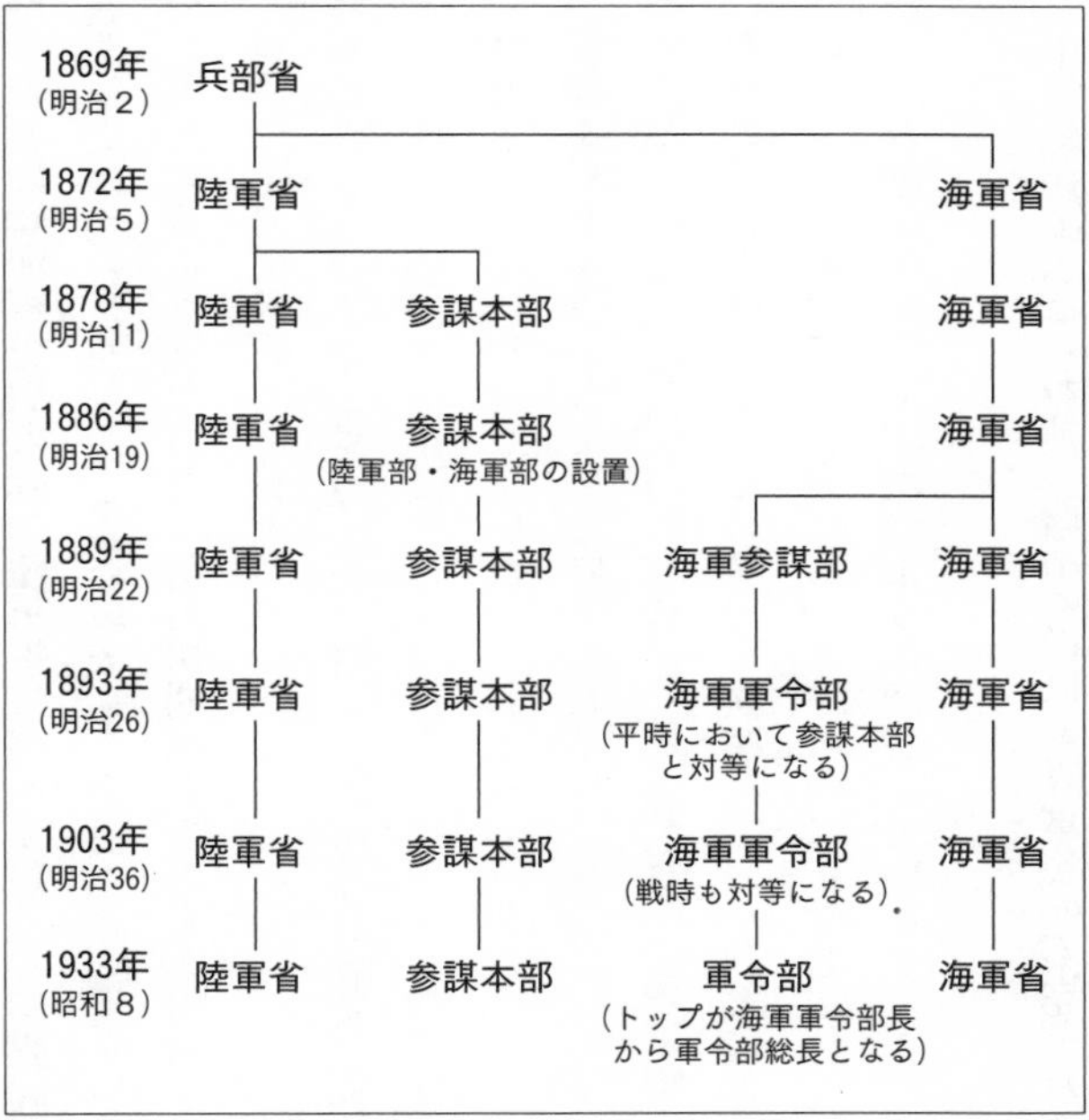

ら出てこなかっただろう。

兵部省が陸軍省と海軍省に分かれたのは、明治五（一八七二）年二月。両省のトップは卿《きょう》、ナンバー2は大輔《だいふ》と呼ばれた。初代陸軍卿は長州藩出身の山県有朋、初代海軍卿は軍艦奉行として幕府海軍の設立に寄与した勝海舟《かつかいしゅう》である。

ここに陸海軍は分かれたわけだが、まだ軍令組織は独立はしていない。兵部省のなかに「参謀局」があったが、これは陸海軍分裂の際に陸軍省に移っている。参謀局は軍令管掌機関で、のちの軍令機関独立のもととなった（森松俊夫『大本営』）。陸軍省に移管したあと、参謀局は軍事研究を主とするようになった。明治初期はさまざまな組織が悪戦苦闘しながら形を整えていく過程であり、陸軍も同様だった。

陸軍省から参謀本部が独立したのは、西南戦争終結後の明治十一（一八七八）年十二月である。西郷隆盛が明治十（一八七七）年に自刃《じじん》し、大久保利通《おおくぼとしみち》は同十一年に暗殺され、木戸孝允《きどたかよし》も同十年に病死していた。いわゆる「維新の三傑」がすべて世を去り、時代が新しい展開を見せようとしている時だった。

参謀本部の初代本部長（のちに総長）は山県有朋。陸軍卿からの転身であり、以降も山県は陸軍の要職を歴任し、その勢力を扶植していく。参謀本部独立の大きなきっかけとなったのは、西南戦争での経験にあった。欧州に留学していた桂太郎は、戦争後の陸軍で巻き起こった議論について、次のように回想している。

中《なか》に就《つ》いて〔とりわけ〕西南の役に参謀事務の不完全なりし為《た》め、大に陸軍に不利なりし故《ゆえ》に、参謀事務を改良せざるべからずとの論起《おこ》れり。然《しか》れども其《その》論者と雖《いえど》も、参謀事務とは如何《いか》なるものなりやは、未だ其脳裡に明々白々にはあらざりしならん。兎《と》に角《かく》参謀事務の不完全という点より、参謀本部を置かざるべからずということとなれり。此《この》参謀本部設置を昌和したる人々と、我が参謀本部を置くという論とは、大いに逕庭《けいてい》あり〔かけ離れ〕しものの如し。然れども陸軍の一大改革を為《な》すべき機運の来《きた》りしには相違なかりしになり。（宇野俊一校注『桂太郎自伝』）

西南戦争時、新政府軍には近代的な参謀教育を受けた軍人がおらず、西郷軍に苦戦した。そのため、戦後に参謀本部独立の機運が陸軍内部で高まったのだ（秦郁彦『統帥権と帝国陸海軍の時代』）。

こうして、軍政と軍令は管轄に曖昧《あいまい》な部分を残しつつも、それぞれが独自の役割を確立していった。

やがて、日本は大きな対外戦争を二つ（日清・日露）戦うが、軍政・軍令はもちろん、政府と軍部の関係も円滑にいき（何の問題もなかったわけではないが）、第一次世界大戦後に発足した国際連盟では、アジアで唯一の常任理事国となるに至った。近代日本が世界で確固たる地位を占めたのにはさまざまな理由があるが、やはり「軍」と、戦争の勝利が寄与していることはまちがいないだろう。

このように、もともと未分化だった軍政と軍令が、紆余曲折《うよきょくせつ》はあっても「分離独立」した。そして、武器の発達やそれにともなう戦略・戦術の変化によって専門性が求められ、「軍」は組織として巨大化していった。

しかし、専門性が必要とされて分離した軍政と軍令は、巨大化が進むことで組織の利害がぶつかることになり、軍人の視野を狭くしていった。その一つの例が、前述の東條と田中新一の衝突である。そして、かつてのように陸海軍も軍政・軍令も未分化の時代とは違った形での「統合」が必要となり、ついに東條は総理大臣でありながら、軍政・軍令を兼ねることになったのである。

同時に、東條内閣では閣僚の更迭・交代が行なわれ、東條は形勢立て直しへと動き出していった。

三職兼任による権力集中

杉山元を説得して、軍令をも手中に収めた東條だが、周囲の反応はどのようなものだったのだろうか。たとえば、参謀本部第二十班（戦争指導）では、称賛と不安の入り混じった感想を記している。

現下の戦況に鑑《かんが》み統帥と国務の協調を愈々《いよいよ》切実なる折柄《おりがら》採られたる大英断ならんも今後統帥の不羈《ふき》独立の為《ため》には具体的に如何《いか》なる手段を講ずべきや、

（軍事史学会編『大本営陸軍部戦争指導班　機密戦争日誌　下』）

また、東條側近の一人で田中新一と殴り合いまで演じた佐藤賢了は、自身が主張する「比島（フィリピン）決戦」のために東條が断行したとして「感激の涙に咽《むせ》んだ」という。しかし、兼任については「我が陸軍永年の伝統」を破り、統帥権独立の観点からは「最も忌《い》むべき」であるからして、「統帥権侵害の非難攻撃は当然起こるべき」と記している（佐藤賢了「佐藤賢了中将手記」）。

組織というものはおおむね保守的であり、それゆえに、東條が行なった「革新」は不安や反発をもたらしたことは容易に想像がつく。

とはいえ、東條の仕事ぶりについては、参謀本部のエリート将校を唸《うな》らせる面があった。当時、参謀本部第二部第五課長（ソ連情報）だった林三郎《はやしさぶろう》大佐は、陸軍内部で東條への批判が少なくなかったことを挙げつつも、次のように記している。

しかし他面においては、大本営内における事務の捗《はか》どり方が非常に早くなった点で、支持する声もまた少《すく》なくなかった。

（東條英機刊行会・上法快男編『東條英機』）

「カミソリ東條」の面目躍如《めんもくやくじょ》と言えよう。いっぽう、以前から反東條だった人間にとっては、反発を強める材料にしかならない。「はじめに」で紹介した、細川護貞が日記で「道鏡」と罵《ののし》っているのは、その一例だろう。「戒厳令を布《し》く前提であろう」と推測する者もいた（伊藤隆・劉傑編『石射猪太郎日記』）。権力の集中を警戒したのだ。

結局、さまざまな波紋を呼んだ東條と嶋田の大臣・総長兼任は、それが前代未聞であるだけに反響は大きかったが、悪化する戦況に一筋の希望を与えたのも事実である。

内閣総理大臣にして陸軍大臣、さらに参謀総長を兼ねた東條英機は一見、絶大な権力を握ったがごとくである。しかし、裏を返せば、「これだけの役職を兼任せねば戦争遂行が覚束《おぼつか》なくなった」ということでもある。

当時の内閣制度では閣僚は横並びに近く、その代表が総理大臣であるにすぎない。理想を言えば、天皇の下に総理大臣がいて、その総理大臣が陸軍省・海軍省・外務省・大蔵省などの官庁を従えるピラミッド型が好ましい（上の図）。

しかし、大日本帝国憲法はこれを許さず、特に軍（統帥部である参謀本部と軍令部）は直接、天皇につながっていた（「はじめに」の図）。陸相は内閣の構成員だが、参謀総長は内閣（政府）から切り

考えうる理想型の一つ

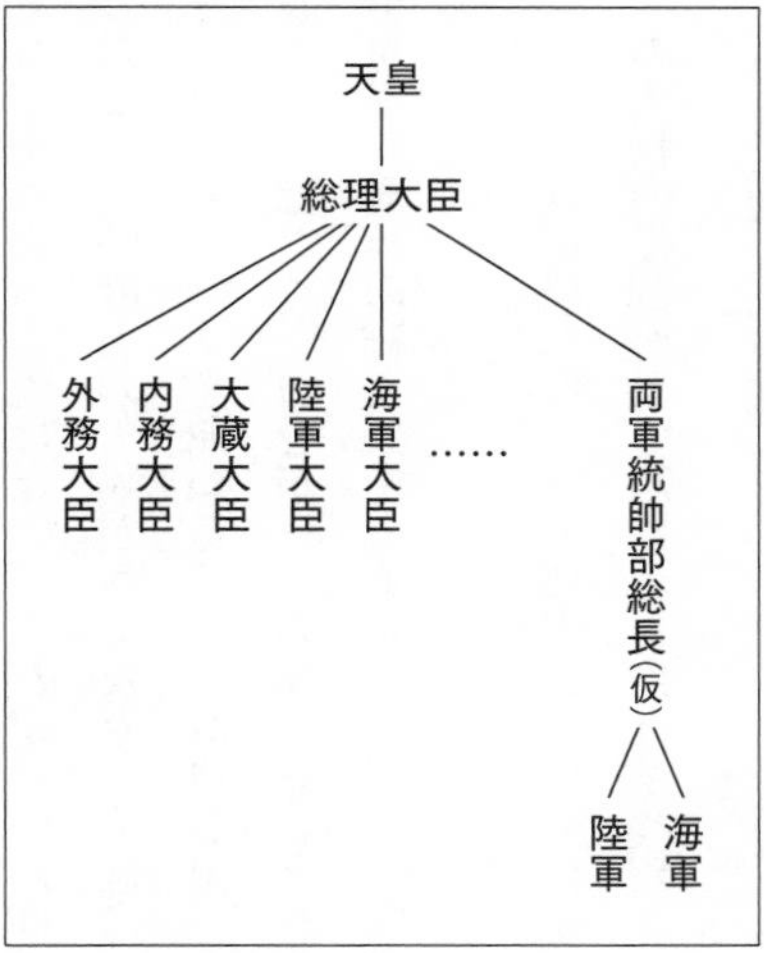

離され、その指示を受けない。これが、いわゆる「統帥権の独立」である。

このような制度上の欠陥があるなか、東條はバラバラでまとまりのない軍を、軍政・軍令それぞれのトップを兼ねることで解決しようとしたのである。二つの頭の上に自分の頭を置くのではなく、自分が三つの頭を兼ねようとした。これがおそらく、大日本帝国憲法下で可能な最大の権力集中であり、大日本帝国憲法の枠内でギリギリできることだっただろう。

一人が三職を兼ねると言えば表向きはいいが、それは業務の統合ではなく、東條という一人の人物の役割が三分割されただけだった。

岡田啓介の倒閣運動

東條が三職を兼任すると、倒閣の動きも活発化した。中心となったのは、ここまで何度も名が挙がっている岡田啓介である。岡田は、戦況の逼迫に対処するために一刻も早い東條内閣打倒が必要と考え、海軍大臣兼軍令部総長の嶋田繁太郎に目をつけた。

海軍は陸軍同様、武力を備えた実力組織であり、陸海並列の原則からも、陸軍に対抗しうる存在である。しかし、嶋田は東條の意向に忠実で、海軍部内には「嶋田副官」との陰《かげ》口《ぐち》さえあった（岡田『岡田啓介回顧録』）。

しかも、嶋田が軍令部総長を兼任したため、東條に対等に口を利《き》ける人間が、海軍にいなくなってしまった。そこで考え出されたのが、嶋田を辞職させて東條内閣を追い込む策である。

島田が閣内にいては、海軍が独自の立場から、事《こと》に処していくことは出来ない。同時に島田を海軍大臣の地位から退かせることは、東条の独裁体制をくずすことにもなる。後任海軍大臣の任命について、海軍が、東条内閣へ不協力態度をとれば、内閣は更迭せざるをえなくなるかもしれないし、後任を出しても、海軍大臣が、軍令部総長を兼任することは、その機会に改めることが出来るから、陸軍側の東条だって、自分だけ兼任しているわけにはいくまい。（岡田『岡田啓介回顧録』）

注視すべきは「後任海軍大臣の任命について、海軍が……不協力態度をとれば」、つまり、海軍が後任の海軍大臣を出さない点だ。さすがの東條も、海軍大臣まで兼ねるわけにはいかない。「軍部大臣現役武官制」のもと、海軍の協力を得られなければ、東條内閣は倒れるしかない。

軍部大臣現役武官制とは、陸軍大臣と海軍大臣は文官ではなく武官（軍人）、しかも現役の大将・中将に限るというもので、予備役では就任できなかった。これこそが、内閣への「拒否権」として機能したのだ。

さらに岡田は、予備役海軍大将で首相・海相経験者の米内光政の現役復帰を画策する。岡田は、海軍で信望が厚い米内と嶋田を取り替えよう、そのためには嶋田に信頼を寄せる伏見宮を説得しなければならない、と考えたのである。

しかし、岡田に米内復帰を決断させたのは、海軍省教育局長の高木惣吉《たかぎそうきち》少将だったとする史料もある。岡田の回顧録にはないが、高木いわく「お百度を踏」んで、岡田に伏見宮説得を依頼したという（高木惣吉『高木海軍少将覚え書』）。高木もまた、倒閣に奔走していたのだ。

伏見宮への説得

岡田が伏見宮を訪ねたのは昭和十九（一九四四）年三月七日、「本日はとくと殿下の御意見を伺《うかが》いまして」今の時局に対処したい、と切り出した。

唯今《ただいま》陸海軍の中堅のところでは、首脳部に対して信頼を失い、また前線と中央とが離れてるように見受けます。これは大変なことと思います。嶋田は、私はよく知りませんが、善《よ》い人だと思って居《お》りました。議会の答弁もはじめは評判が宜《よろ》しうございましたが、次第に評判が落ち、朦朧《もうろう》であるとか、春風駘蕩《しゅんぷうたいとう》であるとか、段々《だんだん》批評が出て参りました。と謂《い》うのは霞《かすみ》がかかって先がはっきりせぬという意味らしうございます。

（高木『高木海軍少将覚え書』）

そして、嶋田がいかに部下の信望を失い、失敗を重ねたかを縷縷《るる》述べ、「これでは何時《いつ》、何が起《おこ》るかわからない」。よって「人望の比較的多くある米内大将を現役に復帰せしむる必要あり」と主張した。しかし、伏見宮は次のように述べ、納得しなかった。

嶋田は〔軍令部第〕一部長としても、〔軍令部〕次長としても、ほか二回〔私＝伏見宮の〕下に居《お》って、人となりは良く識《し》っている。あれは腹も据《すわ》っているし、言葉少《すく》なで実行力が大だ。（同書）

伏見宮には、部下としての嶋田はよほど頼もしく映っていたようだ。それでも、岡田はあきらめない。米内を現役に復帰させて、いざという時は嶋田を助けることができるようにすべきだと主張した。嶋田批判だけでは伏見宮を説得できないと考え、「米内現役復帰」に力点を絞ったのだ。岡田の老獪《ろうかい》さが光る。

すると伏見宮は、米内の現役復帰を了承。しかも、自分が嶋田に話すことまで引き受ける。こうして、岡田の一応の目的は達した。

東條は精神主義者か

昭和十九（一九四四）年三月十一日、東條は三重県の明野《あけの》陸軍飛行学校を訪問。その際、生徒たちに「敵の飛行機は何によって墜《おと》すか？」と聞いた（伊藤ら『東條内閣総理大臣機密記録』。以下、同書より）。「機関銃」「高角砲」などの返答のなか、一人だけ「自分は気魄《きはく》によって体当たりをしても墜しまえす」と答えた生徒がいた。

東條は常々、「銃に依《よ》って撃墜すると考えるのは邪道《じやどう》である。此《こ》の気魄があって始めて機関銃にぶつかってゆかなければ敵機を墜すことは出来ない。何処迄《どこまで》も魂《たましい》に依って敵によって撃墜出来る」と述べていた。ならば、この生徒は東條の意に適《かな》ったに違いない。

東條のこうした言葉をもって「精神主義」と批判することは容易《たやす》いし、東條にその傾向があったことは事実である。しかし、東條は「精神力は物質力を上回る」などと言っているわけではない。東條は物質および物量の力を十分理解していたし、今次戦争が気合や精神力だけでどうなるものではないこともよくわかっていた。だから、ミッドウェー海戦で大敗を喫《きつ》した時に涙を流し、戦争の帰趨《きすう》を絶望視するような発言をしたのだ。

それでも精神力を強調したのは、「もはやそれしかない」ほど戦局が悪化していた事実の裏返しにすぎない。東條にすれば、「（米国に比べ劣《おと》っている）物質力に頼るな、精神で戦え」ということだったのだろう。

それだけ、東條は追い詰められていたのだ。そう考えると、総長兼任は、東條が権力者として完成するために成し遂げられた過程の一つというより、苦しい戦勢を挽回《ばんかい》しようとした「苦肉の策」だったことがよくわかる。

しかし、そうまでしても、東條の権威の低下は止まらなかった。当時、外務省戦時調査室委員長を務めていた石射猪太郎《いしいいたろう》は、三月二十三日の日記に次のように記している。

○議会に於《お》ける東条首相及《および》島田海相、冷《つめた》く迎《むか》えられたらしい、東条の都会人気は今や全《まった》く地に墜《お》ちてしまった、と云《い》うよりも之《これ》を咀〔詛《のろ》〕う声各所に満《み》ちて居る、民生《みんせい》をしめつける一方戦果が挙がらないためである。

○此《この》ままでは東条内閣は永続きはしまい。

（伊藤ら『石射猪太郎日記』）

石射が記した「永続きはしまい」という言葉は、まもなく的中することになる。

インパール作戦

日本軍は敗退を重ねていたが、大規模な攻勢作戦が発起《ほっき》されたこともあった。その一つが、昭和十九（一九四四）年三月に第一五軍司令官・牟田口廉也《むたぐちれんや》中将の主導で始まったインパール作戦である。

インパールは、ビルマ国境に近いインド北東部にある。日本軍が駐屯していたビルマから約三〇〇キロメートルの難路を越え、大河を渡り、英軍を一気に覆滅《ふくめつ》しようとした。

しかし、航空機による空中補給で強化される英軍に対し、日本軍の輸送方法は牛や山羊《やぎ》を使い、最後は動物たちを食べるという古典的なもので、当然ながら大量の物資は運べず、うまくいかなかった（テレビ東京編『証言・私の昭和史4　太平洋戦争後期』）。

兵士たちは乏《とぼ》しい補給で痩《や》せ細り、疫病《えきびょう》にも悩まされたが、それでも撤退しない。牟田口第一五軍司令官、河辺正三《かわべまさかず》ビルマ方面軍司令官共に作戦中止の判断を下せず、いたずらに犠牲者を増やした。「退いて後図策《こうとさく》する勇気を欠く」（林『太平洋戦争陸戦概史』）との批判も当然だろう。

方面軍が中止命令を下したのは七月四日。この間、攻撃に参加した三個師団のうち二人の師団長（山内正文《やまうちまさふみ》中将・柳田元三《やなぎたげんぞう》中将）が解任され、一人の師団長（佐藤幸徳《さとうこうとく》中将）が無断撤退するという異常事態が起こっていた。

雨季で増水した川と敵軍の追撃、さらに飢えにも悩まされた日本軍の退路は、「白骨街道」と呼ばれるほど、悲惨な様相を呈《てい》した。戦死者は三万人を超え、傷病者を加えると損害人員は七万人以上。太平洋戦争でも屈指の惨憺《さんたん》たる敗北だった。

秩父宮の不信

国内では、ある重要人物が東條への不信感を露《あら》わにしていた。昭和天皇の弟宮の一人、秩父宮雍仁親王である。秩父宮は出自が示すように、天皇にもっとも近い皇族であり、また病気療養中ではあるが、陸軍軍人だった。

その秩父宮は昭和十九（一九四四）年になって、東條に三度も「御下問」を発している。いずれも、東條の参謀総長兼任に対するものだ。特に五月十七日の第三回目の「御下問」は、「計画的或《あるい》は無意識的に」敗戦の予感が感得《かんとく》され、「或は又《また》政変に依《よ》る難局の打開を企図」していた（軍事史学会『大本営陸軍部戦争指導班 機密戦争日誌 下』）。

つまり、秩父宮はこのままでは戦争に負けると感じ、それを避けるために政変、すなわち東條内閣の総辞職を意図したのである。宮のこの意思を感じ取った東條の「御返答」は、次のように挑発的なものだった。

1、国務と統帥は総《すべ》て上御一人《かみごいちにん》〔天皇〕の発動に依《よ》り生《しょう》ず、東条は此《こ》の本義《ほんぎ》に立脚し、拳々服膺《けんけんふくよう》〔肝《きも》に銘じ忘れない〕しあるを以《もっ》て心配の要《よう》なし、

2、帝国の現段階は一切の国力を挙げて完勝の一途《いっと》に邁進《まいしん》しあるを以て人事問題の議論は戦後にせられ度《たく》、

3、陸軍大臣たる東条が参謀総長となれる経緯は曩《さき》に既に御答《おこたえ》しある通りなり、但《ただ》し異例の御処置なるを以て異論のあるは当然なり、其《そ》の是非の論議は後世史家に委《まか》せることと致度《いたしたく》、

4、現実に於《おい》ては国務と統帥とは十分うまく行って支障なし、

5、国家の本義にもとる事は東条自身が許さぬ所にして此の点疑問存ぜば直接参上して御答え申上《もうしあ》ぐ、臣節《しんせつ》〔臣下として守るべき節操〕を尽《つ》すに於て不十分の点あらば

御前に於て割腹し御詫《おわ》び申上ぐ、
(軍事史学会『大本営陸軍部戦争指導班 機密戦争日誌 下』)

まず、「1」で天皇の最高権威を強調するなど、天皇の信任を笠《かさ》に着て、皇族の忠告すらはねつける傲慢《ごうまん》さが読み取れる。「5」の「御前に於て割腹」など、あてつけ以外の何物でもないだろう。

とはいえ、全力を尽くして戦争遂行に邁進している時に、三度も問い合わせがあれば、反発したくなる気持ちもわからなくもない。東條の昭和天皇への忠誠心は絶対的であり、昭和天皇もまた東條を深く信頼していた。東條にとって、天皇の信頼こそ、強固な信念の核であり、最後にすがる希望でもあった。皇族に不信の問いを投げかけられれば、最高権威を持ち出して反論するほかなかったのだ。

秩父宮への返答には、東條の傲慢さと同時に、追い詰められた心情も読み取ることができるのではないだろうか。

木戸幸一の去就

東條への批判が強まると、東條内閣成立の立役者の一人である内大臣・木戸幸一は微妙な立場に立たされた。木戸は昭和十九（一九四四）年二月頃には、東條の評判を聞かされると、次のように反駁《はんばく》していた。

東条のことを世間でかれこれいうが、いったい内大臣にどうしろというのか。東条奏《そう》薦《せん》の責任をとれというのか。それならどんな人物でも、年月が経《た》てば評判が悪くなるにきまってる。現に御信任を得ている東条に、私からやめたらどうかという筋道でもなければ、お上《かみ》に東条を辞めさせられたがよろしうございますと申し上げる筋でもない。

（高木惣吉『自伝的日本海軍始末記』）

しかし、東條が参謀総長を兼任して以降、木戸の心も徐々に東條から離れていったようだ。戦後の証言になるが、木戸は、岡田啓介らの東條打倒運動に対して「東条を激励するよりも、ディスカレッジして［やる気を失わせて］、そのお膳立てをつくってやろうと」考えていたという（勝田龍夫『重臣たちの昭和史　下』）。

外部の批判に反論しても、心中では東條を見放しており、岡田らの工作を密《ひそ》かに援助していたということなのだろう。木戸は正面から東條に辞任を迫るようなことはなく、その態度は曖昧《あいまい》である。確かに、「天皇の側近」という立場では政治に関与するのは憚《はばか》られるし、積極的に動けるような立場でもなかった。

東條のほうでも、木戸の動きを注視していたようだ。内大臣秘書官長松平康昌《まつだいらやすまさ》などは岡田らに協力しており、憲兵に電話を盗聴されていたというから（矢次一夫『天皇・嵐の中の五十年』）、木戸も警戒されていただろう。

岡田ら東條打倒を目指す一派にすれば、木戸の動きは焦《じれ》ったく感じたかもしれない。東條を辞めさせる際のキーマンの一人となるであろう木戸の思惑は、岡田らにとって今後の動きを左右するため、目を離せない。

東條にとっても、天皇と一番近く、「御意志」に多少なりとも影響をおよぼす立場にある木戸との関係は重要だった。東條と反東條派の攻防が激しくなるにつれ、内大臣がその中心に浮かび上がってくるのは、ある意味必然と言えた。

さらなる一手

東條内閣倒閣、そのための嶋田海相の辞任、その前提となる米内光政予備役海軍大将の現役復帰――を画策する岡田は、もう一つ手を打つ必要があった。それが、米内と末次信《すえつぐのぶ》正《まさ》予備役海軍大将の仲裁である。

末次信正は主に軍令畑を中心に歩き、昭和初期に軍令部次長・連合艦隊司令長官を歴任した。海軍部内で戦術家として名望を集めるいっぽう、昭和五（一九三〇）年のロンドン軍縮会議に際しては、強硬派（艦隊派）として、加藤寛治《かとうひろはる》軍令部長らと共に条約批准に反対した。

いっぽう、米内光政は艦隊・鎮守府《ちんじゅふ》など現場勤務が主だったが、林銑十郎内閣・第一次近衛内閣・平沼騏一郎内閣と三代にわたり、海軍大臣を務めた。この第一次近衛内閣で米内が海相時、末次は予備役に編入されている（秦郁彦『昭和史の軍人たち』）。

末次はその後、馬場鍈一《ばばえいいち》内相の病気辞任を受けて、同内閣で入閣した。末次は政治的野心が強い人物だったようで、米内を恨んでいたらしい。

表舞台から去ってしばらく経っていた末次だが、作戦家としての評価は衰えておらず、海軍では「米内を海相に、末次を軍令部総長にせよ」との声も多かった。岡田は末次はともかく、米内を復帰させるために必要ならと、まずは両者を和解させることになったのである（岡田『岡田啓介回顧録』）。

岡田・米内・末次の会談は昭和十九（一九四四）年六月三日、芝《しば》・白金《しろかね》の藤山愛一郎《ふじやまあいいちろう》邸で行なわれた。戦後に岸信介派の代議士として外相・経済企画庁長官を務めた藤山は当時、藤山コンツェルン二代目の実業家であり、海軍省の顧問でもあった。藤山によれば、同年四月頃から、海軍内部の同志と共に米内・末次の和解に奔走していたという（藤山愛一郎『政治わが道』）。

会談当日、三人は別々の時間に、藤山邸から離れた場所で下車するなど、憲兵の目を欺《あざむ》くことに苦心した。話し合いの場では、藤山が途中で席をはずし、岡田が両者に切り出した。「この際、日本のために仲直りしてくれんか。今やもう非常な事態に立ちいたっているんだ」（岡田『岡田啓介回顧録』）。この言葉に両者は同意し、記念に寄せ書きまでして別れたという（同書）。

永年犬猿《けんえん》の仲であったにしては、ずいぶんあっさりと和解したものだが、それだけ二人ども危機感が強かったのかもしれない。

岡田の本心

米内・末次の和解が成功し、「米内海軍大臣、末次軍令部総長」の準備が整うと、岡田は伏見宮を説得すべく、翌日、宮のもとに赴く。

岡田が「省部《しょうぶ》（海軍省と軍令部）共に納《おさ》まりが悪い、このままでは折角《せっかく》の功労者（嶋田繁太郎）を疵者《きずもの》にする、代えたが宜《よろ》しい」と、あたかも嶋田のためであるかのように言えば、伏見宮は自分が嶋田に言ってうまくいけばいいが、「行かぬと引込《ひっこ》みが付かなくなる」と応じた（高木『高木海軍少将覚え書』）。伏見宮にすれば、これまで擁護してきた嶋田に「辞めろ」とは言いづらかったのだろう。

対して岡田は、この件でこれ以上伏見宮を煩《わずら》わせるのは「畏《おそれ》多いこと」であるから、それは自分がなんとかする、しかし東條もいることだからうまくいくかはわからない、と述べる。すると伏見宮は「米内に言わせたらどうか」と提案した（同書）。

この次に岡田が述べたことこそ、本当に頼みたいことだったのだろう。

停年前の予備で、現役復活かもしくは召集に値《あたい》すると思う者は、末次と米内だけでありますから、米内を出して嶋田と気不味《きまず》い思いをさせることは避けたいと思います。このことは私がやります。唯《ただ》殿下に御願いしたきは、もし嶋田が参りまして、岡田が何か言って居《お》ったと申しましたら、殿下もそれに賛成だと仰《おっしゃ》って戴《いただ》きたいのであります。

（高木『高木海軍少将覚え書』）

岡田は、嶋田が危機に陥れば庇護者《ひごしゃ》的立場にある伏見宮に助けを求めるだろうと読み、あらかじめ、宮に旨を含ませたのだ。岡田の深謀のほどがうかがえる。

嶋田繁太郎の拒絶

岡田は、さらに工作を進める。伏見宮と会見した二日後の六月六日午後三時、木戸幸一のもとを訪れたのである。

木戸の日記には、「海軍部内の容易ならぬ空気、情勢を深憂《しんゆう》せられ種々《しゅしゅ》話あり」とだけ記され、詳細は触れていないが（木戸幸一『木戸幸一日記 下巻』）、海軍部内が嶋田に大きな不満を持っていることを伝えたのはまちがいないだろう。

六月八日には、同じく木戸のもとに東條の秘書官・赤松貞雄が訪れ、「海軍部内の空気云々《うんぬん》」について相談している（同書）。海軍部内の「反嶋田」、詰まるところ「反東條」の空気は、もはや公然の秘密と化しつつあったのだ。

岡田と連携する高木惣吉も、奔走を続けていた。六月八日、高木は高松宮のもとを訪れる。『高松宮日記』には「高木教育局長来談（海軍内部事情書）」とだけ記されているが、高木によれば、高松宮は東條・嶋田について話したという。

大臣と総長の分離だけでは物足《ものた》らぬ。今日は陸軍と海軍とが良く諒解し、提携して行かねば何も出来ぬ。それには海軍がしっかりした陣容で、海軍に課せられた重任《じゆうにん》を果《はた》す為《ため》に、その要求を明示し、腹を割《わ》って交渉が出来なければならぬ。言うべきことも得言《えい》わず、求むべきことも求め得ず、唯《ただ》盲従を事《こと》として表面的にだけ安きを求むるのは、真の提携でもなく、また海軍の責任を果す所以《ゆえん》ではない。

（高木『高木海軍少将覚え書』）

続けて、高松宮は「海軍の真剣な要求の結果」、東條が退くことになればそれは結構だ、と述べる。つまり高松宮は、嶋田が唯々諾々《いいだくだく》と東條に従っていることに反感を持っており、海相と総長を兼ねていることにも快く思っていなかったのだ。ただし、東條に対しては一定の理解とその苦労を認めていたようだ。

東條はとにかく陸軍を押《おさ》えてきた。東條にろくに要求を入れても見ないで、彼《あ》れではいかぬと言うのは順序が違うではないか。充分要求するなり話合《はなしあい》をしたうえで駄目だとなればそれも良い。（同書）

高松宮は、さまざまな失敗をしつつも、一応は陸軍を押さえ、なんとかここまでやってきた東條を、有無も言わせず引きずり下ろすことに納得がいかなかったようだ。皇族として昭和天皇に近かった宮は、東條がいかに苦労しているかもわかっていたのだろう。

いっぽう、岡田が次に目指したのは、嶋田に直接、忠告することだった。六月十七日午後五時半から六時十五分まで行なわれた二人の会談では、嶋田の進退が問題となった。岡田は海軍の先輩として、嶋田に次のように諭《さと》した。

世間では依然海軍に信頼して、海軍が何かやって呉《く》れると思っている。しかるに大臣一つの仕事さえも中々《なかなか》大変なことだ。それに重大な職務を二つも兼ねては世間はあれで善《よ》いのかと納まらぬ。それには今が兼務を離す好機と思う。これからは、戦局は苛烈になるし、空襲は始まるし、時機が先になると見付からぬ。大臣を離したらどうか。(同書)

対して嶋田は、自分は総長になる前から「適任者があれば大臣を譲りたい」と考えていたが、「今はどうも適任者がいない」と弁明。その後も問答は続くが、嶋田は同意しなかった。おそらく岡田も、会談で兼任を解かせることができるとは思っていなかっただろう。狙いは、嶋田に海軍部内の反嶋田の空気を伝え、追い込んでいくことにあったと思われる。

そして嶋田は、岡田との会談内容を東條に伝える。それを聞いた東條は、岡田に首相官邸への来邸を求める（岡田『岡田啓介回顧録』）。岡田と東條の直接対決が始まった。

岡田との対決で見せた「殺気」

東條と岡田の会談は、昭和十九（一九四四）年六月二十七日に行なわれた。当日午前に赤松秘書官が新宿《しんじゅく》・角筈《つのはず》にある岡田の家を訪ね、「御迷惑ながら総理に会って貰《もら》えませんか」と岡田を誘うと、岡田は午後一時頃、女婿の迫水久常をともない、首相官邸に入った（高木『高木海軍少将覚え書』）。

両者は挨拶《あいさつ》のあと、しばらく無言だったが、東條から「貴方《あなた》がいろいろ動いて居《お》られると聞いて居るが、私はそれを甚《はなは》だ遺憾《いかん》に思っています」と切り出した（同書）。これに対して、岡田は次のように答えている。

「総理から私の行動に付いて遺憾に思うとの言葉を聞いて、私は寧《むし》ろ意外である。私は海軍の現状を見聞して、嶋田では納まらぬ、戦《いくさ》もうまく出来ぬ、総理の常に言われる陸海の真の提携も出来なくなると考えるからこそ心配しているのであって、総理の為《ため》とこそ考えている」（同書）

もちろん、岡田の言っていることは方便にすぎない。東條のほうも、岡田が東條内閣打倒のために嶋田を引きずり下ろそうとしていることぐらいわかっている。おたがい本音を隠したまま、東條と岡田の問答は続く。

東條が、海軍の若い者が上司である嶋田のことをかれこれ言うのは「怪《け》しからぬ」と詰《なじ》れば、岡田は「嶋田では行かぬと考えたのは私である」から「若い者には罪はない」と返す。すると、東條は次のように断言した。

「嶋田海軍大臣を代えることは、内閣の更迭となるから、私は海軍大臣を代えることは出来ません」（同書）

つまり、自分が辞職することはないと明言したのである。それでも、岡田はあきらめず、「嶋田は代えたが善《よ》いと思う」と再考を促《うなが》す。しかし、東條は同意しない。

「それは意見の相違で私は承知出来ぬ。戦争のことを言われるが、サイパンの戦は五分五分と見ている」（同書）

絶対国防圏の一角であるサイパン島では、この時すでに壮絶な戦闘が展開されていた。東條はこれを「五分五分」と主張し、岡田の意見を退ける。

なおも岡田は「これ以上は繰り返すことになるが、重ねて私は嶋田は代えたが善いと思ってる。是非考慮されてはどうか」と述べ、主張を曲《ま》げない。表現はていねいだが、東條が「嶋田海軍大臣を代えることは、内閣の更迭となる」と言った以上、この主張は辞職勧告に等しい。もちろん、東條は「考慮の余地はありません」と突っぱね、両者の「対決」は終わった。

皇族まで巻き込んだ東條打倒工作の主役を務めた岡田であったが、さすがに東條との直接対決は緊張を強《し》いられたようだ。戦後に中国・台湾・韓国との交流に尽くし、「フィクサー」とも呼ばれた矢次一夫《やつぎかずお》国策研究会常任幹事・陸軍省嘱託が同日夜、岡田宅を訪ねたところ、岡田は「今日は無事に済んだが、明日以後の運命はわからぬ」と「沈痛な表情」をしていたという（矢次一夫『東條英機とその時代』）。

矢次は東條とも大佐時代からの知り合いだが、「この時代の東條には、私にも、一種の冷酷さというか、殺気とも言うべき体臭が強く感じられ」と述べているように、異様な雰囲気をまとっていたようだ（同書）。

この「殺気」はやむをえない面があったかもしれない。それは単に戦争中というだけでなく、サイパン島は「絶対破られてはいけない防衛線」であり、同時に東條内閣の生命をも左右しかねない戦いでもあったからだ。

サイパン陥落の衝撃

サイパン島は現在、アメリカの自治領・北マリアナ連邦に属している。かつてはドイツが統治していた、これら南洋諸島（内南洋）は、第一次世界大戦で日本が占領し、そのまま日本の委任統治領となった。サイパン島は、その中心地として南洋庁の北部支庁が置かれた。

サイパンの重要度は、日本との距離にあった。サイパンをはじめとする南洋諸島を航空基地とした場合、日本本土すべてが爆撃可能となる。なんとしても、守り切らねばならなかった。

それだけに、陸海軍共にサイパンを含む南洋諸島の防備に注力し、また自信を持っていた。昭和十九（一九四四）年五月二日に宮中で開かれた「当面の作戦指導方針に関する陸海軍両統帥部御前研究」では、海軍側の質問に対して、後宮淳参謀次長は次のように答えている。

「小笠原『マリアナ』地区においてはすでに相当の守備兵力を配置しあり。特に五月中旬以降輸送予定の第四十三師団を上陸せしめ得たる場合においては、敵の攻略企図に対し自信を有す」

（児島襄『太平洋戦争(下)』）

東條も「サイパンは難攻不落です」と言い切り（同書）、参謀本部の中堅幕僚も同意見の者が多かった。第二課のある参謀などは「万一驕敵《きようてき》来らば、一挙撃滅あるのみだ」とまで揚言していた（高山信武『参謀本部作戦課 新版』）。

サイパン島守備を担当するのは、新設された第三一軍（司令官・小畑英良《おばたひでよし》中将）の第四三師団と独立混成第四七旅団で、師団長は斎藤義次《さいとうよしつぐ》中将。これに、海軍の根拠地隊や陸戦隊を加え、兵力は三万人を超えていた。

東條や後宮がサイパンの不落を明言したのは五月はじめだが、サイパン島攻略を目指す米軍は六月十三日に砲爆撃を開始。実に七時間にもおよぶ、圧倒的な火力による下準備だった。そして一日おいた十五日、いよいよ米海兵隊の上陸が始まる。攻略部隊はスプルーアンス大将麾下の第二・第四海兵師団など六万七〇〇〇人、艦艇は大型空母八隻を加えた約八〇〇隻である。

猛烈な砲爆撃を行なったうえで敢行された米軍の上陸作戦だったが、地形や掩体《えんたい》を利用して巧《たく》みに隠蔽《いんぺい》された日本軍の銃火器は予想以上に生き残った。しかし、予備陣地への移動はきわめて困難であり、通信線も切断され、各陣地の連携もうまくいかなかった（防衛庁防衛研修所戦史室『戦史叢書　中部太平洋陸軍作戦〈1〉マリアナ玉砕まで』）。

サイパン島守備隊は上陸する米軍に激しく反撃を加えたが、対する米軍も艦砲射撃で応戦。上陸戦闘開始一日目で、海兵隊二個師団の上陸を許してしまう。戦闘の詳細は省くが、あとは日本軍が勇戦敢闘しながらも、圧倒的な物量差によって押し込まれていく展開が続く。日本軍は洞窟などに依《よ》って必死の抵抗を試みるも、二十七・二十八日あたりには大半の兵力を失っていた（林『太平洋戦争陸戦概史』）。

六月二十七日と言えば、東條が岡田に「サイパンは五分五分」と言った日である。すでにその頃、サイパンでの戦いの帰趨《きすう》は見えていたのだ。

さらには、六月十九・二十日に生起《せいき》したマリアナ沖海戦において、帝国海軍は空母三隻、航空機約四〇〇機、ようやく育成した搭乗員を失う大損害を被《こうむ》る。米海軍には艦船の沈没はなく、航空機は不時着含め一〇〇余の損害にとどまった。「マリアナの七面鳥撃ち」と呼ばれるほどの一方的な敗北である。

そして、東條が自信を持って「難攻不落」を断言したサイパン島は七月六日、斎藤中将が自決し、日本軍の組織的な抵抗は終結した。しかし、悲劇はそれで終わらない。

サイパン島には、島民四〇〇〇人を含む二万五〇〇〇人の民間人がいた。彼らは砲爆撃の犠牲となったばかりか、日本軍が追い詰められると、次々に自決していった。断崖絶壁から赤子《あかご》を抱いたまま飛び降りたり、車座の中央で手榴弾を炸裂させたりするなど悲惨なという言葉では言い表わせない状況が現出した（児島『太平洋戦争(下)』）。

追い詰められたのは、東條も同じだった。サイパン陥落は国内政治も大きく変えていくのである。

第五章

崩壊

1944〜1945年

昭和19(1944)年7月22日、
首相官邸にて小磯国昭首相へ事務引き継ぎ

参謀本部の造反

昭和十九（一九四四）年六月終わり頃になると、東條の顔色は「この世の人と思えないほど」青ざめ、意気消沈した様子を見せる時もあった（松谷誠『大東亜戦争収拾の真相』）。そして東條の憔悴《しょうすい》は、戦争指導にも影響をおよぼす。

参謀本部の主流は、作戦を担当する第一部第二課（作戦）だった。彼らはエリートを自任し、参謀本部以外はもちろん、参謀本部の他の部局をも見下していた。その第一部長・真田穣一郎と第二課長・服部卓四郎《はっとりたくしろう》らはサイパン失陥前、「此《こ》の堅固《けんご》なる正面に猪突《ちょとつ》し来れるは敵の過失にして必ず確保し得べし」と豪語した（軍事史学会『大本営陸軍部戦争指導班 機密戦争日誌 下』）。

しかし、サイパン島が敵手に落ちると、参謀本部第二十班（戦争指導）は「絶対優勢なる海空軍支援下に上陸し来れる敵に対する孤島防衛思想は陸上に於《お》ける持久戦斗〔戦闘〕と本質的差異を有《ゆう》しある点を全く忘却せる言《げん》なり」と批判した（同書）。

さらに『日誌』は、東條参謀長の統率を「小刻《こきざ》みにして決心処置の変更は数回に及びたることあり」と指摘。「複雑なる諸元《しょげん》を一人にて処理せざれば以《もっ》て満足し得ざる総長の性格」、つまり重職をかけもち細かいところまで自ら確認しなければ気がすまない東條の性格が、戦争に「重大なる影響を与えある点看過《かんか》し得ざるものとす」と批判している。

これは、作戦の失敗を繰り返す作戦部への批判であると同時に、そのトップ東條への不信任の表明でもある。兼任当初は「職務が捗《はかど》る」と参謀たちを期待させた東條であったが、その神経質な性格ゆえに職務の停滞を招いていた。

陸軍でさえこの有様《ありさま》である。ごく近しい一部を除いて、人心は東條から離れていった。

東條英機暗殺未遂事件

東條に対する反発のもっとも極端な例として発生したのが、参謀本部の津野田知重《つのだともしげ》少佐（父親は日露戦争時に第三軍参謀だった津野田是重《これしげ》陸軍少将）による、東條英機暗殺未遂事件である。

津野田少佐は昭和十九（一九四四）年六月、支那派遣軍から参謀本部に転任するが、ここではじめて東條政権の施政と反東條気運の強さを知った。そして、東條では戦争遂行は困難と確信し、東條暗殺と皇族内閣の設立を計画する（森安靖一「浅原事件について」）。

もちろん、首相暗殺かつ新内閣設立は一《いち》少佐だけでは不可能である。津野田は支那派遣軍時代に上司の今田新太郎《いまだしんたろう》大佐と親しくしていたが、この今田は石原莞爾予備役陸軍中将に心酔していた。その関係で津野田も石原派となり、さらに石原を師と仰《あお》ぐ柔道家の牛島《うしじま》辰熊《たつくま》とも近づき、毎日のように牛島家を訪れていたという（保阪正康『昭和の怪物　七つの謎』）。

津野田らとも関係のない動きがあった。同盟通信社の森元治郎《もりもとじろう》記者が六月のある日、海軍大学校で研究部員になっていた高木惣吉少将を訪ねた。岡田啓介と共に東條打倒に奔走していた高木は、森の前で東條や嶋田をひどくこき下ろし、「君の方（水戸《みと》）に決死隊はいないか」と興奮しながら尋ねたという（森元治郎『ある終戦工作』）。

つまり、茨城県・水戸出身の森に「東條暗殺に使えるような人間はいないか」と聞いたのである。森はその時には「東條暗殺」まで気づかなかったものの、そんな人間はいないと拒否し、高木は「そんなら頼まんよ」と「凄《すご》い見幕《けんまく》」だったという（同書）。

森が高木の東條暗殺の企《たくら》みを知ったのは戦後のことだが、「まともな暗殺計画というほどの計画にはなっていなかったように思う」と、高木の一時的な思いつきのように述べている（同書）。

しかしその後、高木は実際に暗殺計画を具体的に作り上げる。高木が計画に誘ったのは、五・一五事件の中心人物の一人で犬養毅《いぬかいつよし》首相を狙撃した三上卓《みかみたく》元海軍中尉、血盟団《けつめいだん》の元メンバーで牧野伸顕《まきののぶあき》暗殺未遂で逮捕された四元義隆《よつもとよしたか》などで、実行日まで決まっていた。その方法は、海軍省前の交差点で東條の車を三台の車で襲撃、逃げ道を塞《ふさ》いだあとに射殺し、実行犯七人のうち、高木以外の六人は海軍の航空機で台湾に逃避させるというものだった（小山俊樹『五・一五事件』）。

また、嶋田繁太郎海相の暗殺計画もあった。衆議院書記官長の大木操《おおきみさお》の六月二十三日の日記には「海軍側特報」として、海軍内部（人物名なし）との会話が記載されている。

〔海軍内部の人間〕少壮部の空気は……合法的手段はすべて尽くした。それでも聴《き》かざれば非合法（海相殺害）已《や》むを得ず。

余〔大木〕、まあ待て、それでは全海軍が責任を負う、それこそ議会人が立って、その仲裁もし時局を救おうではないか。（大木操『大木日記』）

これこそ思いつきというか、怒りのあまり嶋田暗殺を発言したように見える。ただ、実際に起こっていたら、高木が計画した東條暗殺よりも、事後の混乱は少なかっただろう。いくら信望を失っているとはいえ、陸軍大臣兼参謀総長を海軍の現役軍人が暗殺したとなれば、ただではすまない。それこそ、戦争の最中に陸海軍が相戦《あい》う事態になっていたかもしれない。そこまで考える余裕もないほど、高木も切羽詰まっていたのだろう。

津野田と高木の計画は別個に計画され、その実施時期まで確定していた。しかし、二つとも、実行されることはなかった。決行前に東條が退陣したからである。暗殺計画者もターゲットも、戦後まで生き残ったのである。

なお、津野田の計画はのちに発覚して軍法会議で免官と執行猶予つきの判決を下され、高木の計画は戦後に明らかになった。

東條の巻き返し

昭和十九（一九四四）年七月七日、衆議院議員二〇〇人あまりが出席した代議士会では、東條政権への不満が続出した。憲兵司令部の情報によれば「倒閣して勝てるなら死を賭《と》してもやる」「東条首相は戦局の現状下参謀総長として全力を注ぐべきであり速《すみ》やかに兼摂《けんせつ》を廃すべきだ」などの発言が相次ぎ、多くは拍手と声援によって迎えられた（江藤淳監修、栗原健・波多野澄雄編『終戦工作の記録［上］』）。

このような発言すら躊躇されなくなっていたのは、戦局への危機感もあるが、それ以上に東條の威信が低下したことを示している。

七月十三日、東條は木戸のもとを訪れ、「自分は一週間許《ばか》り現下の情勢に対し如何《いか》に処置すべきやにつき真剣に考えたり」と述べ、次のように説明した（木戸『木戸幸一日記 下巻』）。

サイパン失陥以後の空気として「反戦厭戦の空気」「統帥に対する批判」があり、一歩誤れば「即敗戦」になってしまう。そこで、サイパン失陥の責任については「暫《しばら》く御容《ごよう》赦《しゃ》」を乞《こ》い、改めて戦争完遂の方法について嶋田や統帥部次長（陸海軍）と話し合い、対策を立てたという。そのなかには「陸海軍の真の協力一致」「大本営の強化」などの他に、「内閣の改造」という項目があった（同書）。

軍需大臣を置き、大東亜大臣は外務大臣兼任とし大東亜地域の外交に遺漏《いろう》なからしむるを期す。外《ほか》に総理級（米内、阿部を考う）の国務大臣二名を加《くわ》う。

（木戸『木戸幸一日記 下巻』）

米内とは米内光政を、阿部とは翼賛政治会総裁の阿部信行予備役陸軍大将を指している。実はこの日、東條は木戸と会う前に阿部の私邸を訪れていた。

〔東條から阿部に〕今後の協力方《かた》を求めたる所《ところ》、〔阿部〕総裁より相当の希望あり。其《そ》の結果〔東條〕総理としては参議《さんぎ》制を復活し、之《これ》に依《よ》り重臣の政府に対する協力態勢を確立し、併《あわ》せて無任所大臣として米内、阿部の入閣を求め、若干の閣僚の入れ替えを行うことに腹案を定む。

（伊藤ら『東條内閣総理大臣機密記録』）

木戸への提案は、阿部と相談の上でのものだったのだ。ところが、ここで問題が起こる。木戸は、東條に「両総長は依然両大臣に於《お》いて兼ねらるる御積《おつも》り」か、と問うのである。東條はそう考えていると答えると、木戸は次のように述べた。

嶋田海相の海軍部内の不評不満は実は意外なる程《ほど》普遍的圧倒的にして、前線、内地の各鎮守府等殆《ほとん》ど例外なき有様《ありさま》なり。之《これ》を此儘《このまま》にして内閣の改造を行はるるとも、到底《とうてい》国民の信望を繋《つな》ぐことを得ざるべく海軍の士気昂揚《こうよう》は思いもよらざるところなり。

（木戸『木戸幸一日記　下巻』）

そして、木戸は統帥や政治に口を出す気はないがと言いつつ、決定的な言葉を持ち出す。

只《ただ》今日の問題は既《すで》に一内閣の問題にあらず。一歩を誤れば御聖徳《ごせいとく》に言及批判する傾向激化する虞《おそれ》れあり。

（同書）

つまり、「このような措置を容認するとはお上（天皇）は何を考えておられるのだ」という批判が国内各所から出てくるのではないか、と言っているわけだ。東條にとって「聖《せい》慮《りょ》」は絶対のものだが、ここまでよく協力してくれた嶋田の更迭については容易に答えられない。東條は、木戸の提案をいったん持ち帰ることにした。

なお、東條側の史料では、木戸の発言は「聖慮の程《ほど》を拝察するに」となっており、昭和天皇の意向がもうすこし強く出ている（伊藤ら『東條内閣総理大臣機密記録』）。

延命工作

東條は苦渋《くじゅう》の決断を迫られたが、「聖慮」には従わねばならない。木戸と会った同日夜、嶋田を呼び出して、この件について話した。

すると、嶋田は「聖慮の程を拝し」、海軍大臣を退くことを了解する。加えて、東條内閣は「飽《あ》く迄《まで》退陣することなく」戦争を遂行すべし、と激励した。『東條内閣総理大臣機密記録』は、この嶋田の態度・発言を「坦々《たんたん》として敬服すべきものあり」と記録している。

嶋田としても、もはや限界だと感じたのであろう。海軍内部はもちろん、皇族や天皇にまで疑問を呈せられている。退いたほうがよいと判断しても不思議はない。

そして翌々日の七月十五日、後任の海軍大臣に、呉《くれ》鎮守府長官の野村直邦《のむらなおくに》大将が決定した。戦後の野村のインタビューによれば――野村は事前になんの連絡もなく、嶋田に上京を命ぜられ、「実は海軍大臣の辞表を出すことになった。そこで後任としてあなたに大臣をやってもらうことになった」と告げられた。野村は、前軍令部総長で自身の海軍兵学校時代の教官でもあった永野修身に相談に行くが、ここでも説得され、十七日に親任式が行なわれた――という（中村菊男編『昭和海軍秘史』）。

東條には、まだやらねばならないことがあった。米内・阿部らの重臣を無任所大臣として政権に参加させ、兼任していた軍需大臣を別の者に任せ、内閣を強化しなければならない。特に米内の入閣は、東條内閣を続ける条件の一つだった。

東條は七月十六日、内閣からは星野直樹内閣書記官長、石渡荘太郎《いしわたそうたろう》大蔵大臣、大麻唯男《おおあさただお》国務大臣、陸軍からは冨永恭次陸軍省人事局長、佐藤賢了同軍務局長、海軍からは岡敬純《おかたかずみ》軍務局長らを集めて新人事を話し合い、次のように決定した。

米内海軍大将、阿部陸軍大将――無任所大臣。
藤原《ふじわら》〔銀次郎《ぎんじろう》〕――軍需大臣。
前田米蔵《まえだよねぞう》氏又《また》は島田俊雄《しまだとしお》氏――厚生大臣。
小泉〔親彦〕厚生大臣及《および》岸〔信介〕国務大臣――辞任。

（伊藤ら『東條内閣総理大臣機密記録』）

藤原銀次郎は王子製紙社長などを務めた財界人で、米内内閣で商工大臣、東條内閣で国務大臣を務めていた。小泉親彦は東京帝国大学を卒業後に陸軍に入り、軍医総監などを務めて厚生省設置に尽力、近衛内閣と東條内閣で厚生大臣を務めていた。この小泉と国務大臣の岸信介を更迭し、政治顧問を置く、重臣が希望すれば参議を復活させる、大本営政府連絡会議に米内・阿部を加える、などの新体制が決定された（同書）。そして、一同は、それぞれの人物を説得すべく散っていった。

藤原は軍需大臣就任を承諾し、小泉も辞任を了承した。しかし、岸は「明朝総理と会談」するまで回答を保留し、肝心の米内の同意は得られなかった。

米内が語ったところによれば、十七日には「七、八人もいれかわりたちかわり」入閣の誘いに来たという（高木惣吉写稿、実松譲編『海軍大将米内光政覚書』）。米内は、最後に来た佐藤賢了に「僕は軍人で、政治だけに責任をもつ無任所大臣には自信がない。海軍に育ったから海軍大臣ならつとまるが、それ以外はつとまらぬ」と断《こと》わっている（同書。ただし『東條内閣総理大臣機密記録』では夜に野村直邦が説得に来たことになっている）。

「あなたは東條内閣だから出ないのですか、それとも、いかなる内閣でも同様ですか」と食い下がる佐藤に対して、米内は「いかなる内閣でも」と言って、終わったという（同書）。

岸信介の抵抗

東條の前に、さらなる壁が立ち塞《ふさ》がった。岸の辞任拒否である。前述のように、岸は辞任の説得に対して回答を保留したが、翌朝、東條を訪ねた時も回答を延ばす。

辞任に関しては、所用の向《むき》に連絡の上、更《あらた》めて回答すべき旨を明らかにして辞去す（この後、岸国務大臣は木戸内大臣を往訪す）。（伊藤ら『東條内閣総理大臣機密記録』）

岸の発言と行動は奇妙だ。なぜ、前夜「明朝総理と会談」するまで保留すると言いながら、東條と会うと「所用の向に連絡の上」回答すると言ったのか。しかも、東條のあとに木戸に会っている。

冨永恭次の戦後の証言によると、岸は東條に「オヂにも相談せねばなりませんから」と述べたという。冨永は、これを東條から直接聞いている。ちなみに、「オヂ」とは木戸幸一を指すらしい（「冨永恭次回想録 その2」（大東亜戦争間陸軍人事明暗秘史））。同文書には、岸が発言した日は記されていないが、『東條内閣総理大臣機密記録』と『木戸幸一日記』の記述から、十七日と見てまちがいないだろう。

『木戸幸一日記』には、岸は木戸のもとへ赴くと「首相より辞職の要求ありし由《よし》にて、進退につき相談ありたり」と述べたことが記載されているが、これに対する木戸の返答は記されていない。しかし、同日再び東條を訪ねた、岸の発言がすべてを物語っている。

同〔岸〕大臣は重臣の若干《じやっかん》が入閣せずんば、辞表を提出せず、若《も》し重臣が入閣せざる以上は、総辞職を至当《しとう》とすべく、其《そ》の場合に関しては、明日の閣議に於《おい》て緊急動議を提出すべしとの要旨の意見を固執《こしつ》して単独辞意を表明せず。

（伊藤ら『東條内閣総理大臣機密記録』）

重臣の入閣とは米内らを指しており、だからこそ、この日に米内のもとに「いれかわりたちかわり」入閣要請がきたのだ。そして、ついに岸は東條の要求を拒否する。さらに、おそらくこの日のことと思われるが、東條に忠実な四方東京憲兵隊長による、岸への露骨な脅迫が行なわれた。岸は戦後、次のように述べている。

最後には大臣の官邸に四方憲兵隊長がやってきて、軍刀を立てて、東條総理大臣が右向け右、左向け左と言えば、閣僚はそれに従うべきではないか、それを総理の意見に反対するとは何事かと言う。それで私は、黙れ憲兵！　お前のようなことを言う者がいるから、東條さんはこの頃評判が悪いのだ。日本において右向け右、左向け左という力をもっているのは天皇陛下だけではないか。それを東條さん本人が言うならともかく、お前たちのようなわけのわからない兵隊が言うとは何事だ、下がれ！　と言ったら、覚えておれとかいって出て行った。（岸信介・矢次一夫・伊藤隆『岸信介の回想』）

この記述がどこまで正確かはわからないが、岸が単独辞職を拒否したのはまちがいない。すでに米内の説得工作も失敗しており、東條は打つ手を失った。「万策尽き総辞職を決意す」――『東條内閣総理大臣機密記録』は深夜〇時すぎの東條たちの様子を、そう記録している。

内閣総辞職と後継首相

翌七月十八日、東條は辞表を奉呈《ほうてい》した。東條は、木戸に対して相当含むところがあったようだ。当時、参謀本部第一部長だった真田穣一郎の日記には、東條の発言が記されている。

「木戸は怪《け》しからぬ」「もう一歩も動けない」「迅速に総辞職」「重臣はそれ丈《だ》けのことやるなら対策があろう」「之《こ》れ以上軍が政治に入ることは避けた方がよい」

（福重博「真田日記翻訳」）

「重臣はそれ丈けのことをやるなら対策があろう」は、重臣たちには後継内閣の腹案があるだろうな、との皮肉である。実際、後継総理選びは難航した。

若槻礼次郎、岡田啓介、広田弘毅《ひろたこうき》、近衛文麿、平沼騏一郎、阿部信行、米内光政らの重臣が宮中に呼び出され、後継内閣首班の奏薦について話し合う。重臣間の会議で総理候補を決め、内大臣が奏薦し、その人物に天皇が「大命」を下すという慣例に則《のっと》ったのだ。

まず、若槻が「内府の意向は如何《いかが》」と口火を切ると、木戸は「未《ま》だ確定的なる意見を有せず」と濁《にご》した（木戸『木戸幸一日記 下巻』。以下、同書より）。ここから議論が続き、幾人かの候補が挙がる。すると、阿部は「此《こ》の際は軍人にして現役の者がよしと思う。而《しか》して現下最も大事な所は海軍なれば、此の際海軍より出られては如何《いかが》。就《つ》いては此の際米内閣下に御願いしては如何」と米内に水を向けた。

しかし、米内は拒絶し、「文官に適任者がなければ、陸軍から出らるるが宜《よろ》しからん」と逆に陸軍に方向を転じた。若槻も、今は戦争中であるから「矢張《やは》り軍人が宜しいと思う」とし、海軍は国防の第一線であるから、陸軍のほうがよかろうと述べた。

ここで若槻が挙げたのが、予備役陸軍大将の宇垣一成である。宇垣は昭和十二（一九三七）年一月、広田弘毅内閣の総辞職後に大命降下したことがある。しかし、軍部大臣現役武官制のもと、陸軍側が陸相を出すことを拒否、組閣が流れた。

この宇垣案も盛り上がらない。米内は、元来《がんらい》軍人は軍務に偏った教育を受けているから文官のほうがいいと言う。対して、近衛はやはり軍人がいいと述べ、平沼もこれに同意する。皇族内閣の話も出たが、責任を天皇におよぼす可能性があるとして却下された。

こうして、侃侃諤諤《かんかんがくがく》の議論が続いた。方向性は軍人に絞られたものの、寺内寿一元帥陸軍大将（南方軍総司令官）、再び宇垣一成、梅津美治郎陸軍大将（関東軍総司令官）、鈴木貫太郎予備役海軍大将らが挙がり、さらには本庄繁《ほんじょうしげる》予備役陸軍大将、荒木貞夫予備役陸軍大将、小磯国昭《こいそくにあき》予備役陸軍大将（朝鮮総督）も挙がった。

木戸が「小磯は如何」と聞くと、米内は「小磯はよい人なり。手腕もあり、腹《はら》もある」と評価した。そして、寺内・梅津・小磯が有力候補とされたが、最終的には各自が数人候補を出すにとどまり、後継候補は決まらなかった。

木戸は会議の模様を詳しく上奏したところ、昭和天皇は――寺内を呼び戻すことは統帥部に聞いたほうがよい、梅津参謀総長親補式《しんぽしき》のために来る東條にも聞いたほうがいいだろう――と述べた。

重臣たちや木戸に不満を持っていた東條だが、天皇に問われたとあれば答えなければならない。東條は、第一線の指揮官を呼び戻すのは好ましくないなどの理由で小磯を推《お》す。これで後継首相は決定した。

東條内閣総辞職の政府声明は二十日に出され、同日、小磯に大命降下した。新首相への事務引き継ぎなどを終えて、東條が用賀《ようが》の私邸に帰ったのは、二十三日だった。

勝者の視点

こうして、東條は表舞台から姿を消し、以後は自宅に引きこもる。小磯内閣は結局、一年もたず、二六〇日で総辞職した。昭和二十（一九四五）年四月七日のことだ。あとを受けたのは元侍従長の鈴木貫太郎予備役海軍大将である。鈴木はポツダム宣言受諾の「聖断」を引き出し、戦争を終結させると八月十七日に総辞職、在職日数は一三三日だった。

このように、日本は対米英蘭戦争中に三人の首相がいたわけだが、その大部分を担ったのが東條である。東條は開戦直前の対米交渉から緒戦の大勝利、そして戦局が不利となり、もはや日本の敗北が避けがたくなるまで一〇〇九日間、内閣を率いた。

そのためか、東條は戦時日本の象徴とされ、戦後開かれた極東国際軍事裁判（東京裁判）では、「A級戦犯」の代表格的な扱いを受けた。特にアメリカでは、ヒトラーやムッソリーニと並ぶ独裁者に擬《ぎ》せられ、新聞・雑誌などで実情とかけ離れた悪魔的な描かれ方をした。

終戦後にマッカーサーのもとで働いた経験を持ち、「異議を唱える者はたちまち彼の暗殺に見舞われる」「東條の全生涯は血の赤と、裏切りの黒とで彩《いろど》られている」などの東條評を紹介したロバート・ビュートー、ワシントン大学名誉教授は、次のように述べている。

それ〔真珠湾攻撃〕以後、東條はアメリカ人が敵日本人を憎む際の最も便利なシンボルとして用いられた。「東條」という名前はほとんどすべてのアメリカ人に知れ渡った。東條はひろく知られた少数の戦争指導者の一人となった。連合軍の陣営では、彼は邪悪《じゃあく》な、驚異的な野蛮な人物、東洋の秘義を身につけているだけいっそう危険な東洋のヒトラーとして描かれた。

（ロバート・J・C・ビュートー著、木下秀夫訳『東條英機(下)』）

戦争中に相手国の指導者をよく描くことはないだろうし、日本もローズヴェルトやチャーチルを悪く描いているので、同じと言えば同じだ。問題は、戦時中のアメリカの東條への憎悪《ぞうお》には、文化的に異質で理解不能な「日本人」への差別感情が多分に含まれていることである。そして、アメリカが「勝者」になったことで、「敗者」日本でも少なからず「東洋のヒトラー」という印象が定着した。

もちろん、現代の識者がこのような時系列・事件について無知な評価をすることはほとんどない。しかし、どこかしら「独裁者」の印象を意識せずに引きずっているように感じるのだ。

たとえば、「独裁者」という表現を、現代の政治批判のなかで違和感なく使う人がいる。しかし、それはあまりにもイメージ先行であり、「戦争」と安易に結びつけようとする軽薄な批判ではないだろうか。なかには、戦時中の日本軍の「悪行」をすべて東條と結びつけるという、論評にすら値《あたい》しない発言をする者さえいる。彼らのなかでは、「独裁者・東條英機」はなんの違和感もなく受け入れられ、疑問の余地なく「悪人」なのだろう。

はたして、東條英機は「独裁者」だったのか。開戦時の首相が東條であることは事実だが、戦争の招来は東條の意志だったのか。一九四四年に東條が首相・陸相・参謀総長の兼任を決行した時、なぜ「道鏡」とまで呼ばれたのか。また、なぜこの措置を取らねばならなかったのか。

次章では、東條の参謀総長兼任を焦点として、「日本の失敗」について見ていきたい。

終章

近代日本の限界

昭和22(1947)年12月、極東国際軍事裁判の証人台にて

昭和天皇の東條評

近代日本の「総決算」とも言うべき太平洋戦争で、敗戦という結果はいかにして導かれたのか。それを考える前に、まず東條英機という人物について見てみたい。開戦前の昭和十六（一九四一）年十月十八日から同十九（一九四四）年七月二十二日まで、日本を率いた宰相の個性を知ることは必要不可欠であろう。はたして、どのような個性の持ち主で、当時の日本人として常識的だったのか、それとも逸脱していたのか——。

東條を知る誰もが口を揃えて言うのは、その勤勉さ・几帳面さである。東條がていねいにメモを取り、それを保管することは前述したが、書類などに関しても同様だった。

東條内閣崩壊の原因の一つを作った岸信介でさえ、戦後に次のように述べている。

　閣議決定した事項などの資料を実にきちんと整理される人だったな。書類を事件別すなわち各省別に整理してある、と同時に日時別の整理もある。（岸ら『岸信介の回想』）

こうした東條の特徴は敵味方関係なく認めるところだった。この点は単純に、仕事人として優秀だったと言えるだろう。そのぶん、部下にとっては些細なミスも許されない、緊張を強《し》いられる上司であり、上司にすればきちんとした信頼のおける部下、ということになるだろう。

また、天皇への忠誠心には絶対的なものがあった。その忠誠心は昭和天皇も諒解しており、戦後も次のように述べている。

元来《がんらい》東条と云《い》う人物は、話せばよく判《わか》る、それが圧制家《マヽ》の様《よう》に評判が立ったのは、本人が余りに多くの職をかけ持ち、忙しすぎる為《ため》に、本人の気持ちが下に伝らなかったことと又《また》憲兵を余りに使い過ぎた。……東条は一生懸命仕事をやるし、平素《へいそ》云っていることも思慮稠密《ちゆうみつ》で中々《なかなか》良い所があった。

（寺崎英成、マリコ・テラサキ・ミラー編著『昭和天皇独白録　寺崎英成・御用掛日記』）

「一生懸命仕事をやる」「思慮稠密」は、他の東條評とも共通する部分がある。昭和天皇は、東條に好意的な評価を下していることはまちがいない。それは戦時中も変わらず、秩父宮のように不信感を露《あら》わにすることなく、最後まで東條を忌避《きひ》することはなかった（古川『東条英機』）。

官僚から見た東條

第五章でも述べたが、戦後の東條評は「敗戦」という結果からのみ、その特徴をとらえられがちである。では、「敗戦」という結果の出る前、それも首相となる前の東條はどのように見られていたのだろうか。

一例を挙げよう。東條が満州にいた頃、関東局（日本の租借地である関東州の統治機関）で東條と職業上のつきあいのあった武部六蔵《たけべろくぞう》（内務官僚、のちに満州国国務院総務長官）は、昭和十一（一九三六）年五月二日の日記に関東軍の軍人の人物評を記している。

〔関東軍〕参謀副長、今村〔均〕少将は温顔なれども理義《りぎ》明白の好漢なり。参謀長板垣〔征四郎〕中将は包容力の大なる好将軍なり。憲兵司令官東條少将は気宇《きう》必ずしも大ならざれども、猪突《ちよとつ》的勇猛児なり。共に将来の陸軍を負うべき人材ならん。

（田浦雅徳・古川隆久・武部健一編『武部六蔵日記』）

今村・板垣・東條の評価は、後世のそれとかなり一致する。今村への記述など、ほぼそのまま現代の今村評としても通じるだろう。武部が的確な観察眼の持ち主だったことがわかる。東條だけ、「気宇必ずしも大ならざれども」と欠点に触れているが、これも後年の東條を見るとうなずける。

実はこの数カ月前、武部は東條と大喧嘩をしていた。東條は二・二六事件が起きると、決起将校に関係すると見られる人物を即座に逮捕した。この件の追加予算に関して、武部と東條の間で激論が交《か》わされ、最終的に東條は「憤然《ふんぜん》席をけって」帰ったという（『武部日記』）。このようなところに、武部は「器《うつわ》の小ささ」を感じたのかもしれない。

上に立つ者としての欠点

武部が述べたように、東條には狭量さ、度の過ぎた潔癖さがあった。こうした弱点は、戦局の不利と共に露呈した。狭量については、中野正剛事件で些細な批判を根に持ったことからもわかるが、他にもいくつか問題を起こしている。

たとえば、昭和十九（一九四四）年二月二十三日、毎日新聞の新名丈夫《しんみょうたけお》記者は「竹槍では間に合わぬ」との見出しで記事を書き、東條の逆鱗《げきりん》に触れて召集を受けた。新名は強度の近視で徴兵免除されており、当時三九歳だった（テレビ東京『証言・私の昭和史4 太平洋戦争後期』）。

また、逓信省の松前重義《まつまえしげよし》（のちに逓信院総裁、東海大学総長）も、東條内閣打倒運動にかかわったとして召集を受けている。松前は当時、四四歳。しかも工務局長という要職にあり、優秀な技術者としても知られていたが、「二等兵」として召集された。

こうした東條のやり口は「懲罰召集」と言われた。自分に非難・反抗した国民を戦場に送り込むなど、まさしく「権力の私的乱用」である。ましてや、現役軍人であり、「軍人軍属の統督」を自任した東條が、「戦場で戦う」という本来軍人にとって名誉であることを「懲罰」として使っていたことなど、弁護の余地はない。

潔癖さについては、東條は配給米以外は口にせず、家族にも闇米《やみごめ》などは食べさせなかった。多くの重職を兼ねていたために日本中から贈り物があったが、それらはすべて返還していたという。

こんなこともあった。東條の甥《おい》である山田玉哉《やまだたまや》陸軍少佐は、深夜に首相官邸に呼び出された。急ぎかけつけると、閣議前の東條とばったり遭遇したので、「何かご用でしょうか」と聞いたところ、いきなり「このバカ者めっ！」と面罵され、頬《ほお》を殴られた。さすがにムッとした山田が理由を聞くと、山田が東條の妹の家に行った時、ふざけて女中の手を握ったことはけしからんと答えた（楳本捨三『東條英機とその時代』）。

おそらく「非常時に軍人がそのようなたわむれをするとは」との思いからであろうが、現役陸軍少佐をわざわざ官邸に呼びつけて、いきなり殴りつけるのは尋常ではない。

贈り物を返還したり、女性に気安く触れた甥を殴ったりする潔癖さは、ある程度までは美点と言えるかもしれないが、度を越すと、窮屈《きゅうくつ》で余裕のない印象を人に与える。贈り物とて、金銭や高額であれば問題だが、そうでなければ素直に国民の好意として受け取ってもいいのではないか。こうした小さな積み重ねが、東條の人望を失わせるきっかけになったように思えてならない。

「国民＝兵士」という発想

東條は自分にも厳しく、身を律《りっ》していた。昭和十八（一九四三）年六月二日の夕食時、家族に次のように述べている。

人は良く自分のことを政治家としても云々《うんぬん》と云《い》うが、自分は政治家と云わるることはだいきらいだ。自分は戦術家と云わるるならばともかくちっとも政治家ではない。只《ただ》、多年陸軍で体得した戦略方式をそのままやっている丈《だけ》だ。

（伊藤ら『東條内閣総理大臣機密記録』）

東條は「軍隊方式」を国政に持ち込み、国民にもそのようにふるまうよう求めたのだ。しかし、いくら戦時中とはいえ、国民すべてを兵営にいるかのごとく管理することは、適切とは思えない。当時は徴兵制があり、成人男性にとって「軍隊での経験」は身近なものだったろうが、それはあくまで「国民の義務」だからであり、職業軍人以外は好んで不自由な生活に身を投じたわけではない。

国家の総力を挙げての大戦争だからといって、いや国民全員が参加しなければならない大戦争であるからこそ、緊張をゆるめ、多少の楽しみを与えることも必要だったのではないだろうか。

このことは、新型コロナウイルスで「自粛」を余儀なくされたわれわれも、多少は理解できる。人間は、この程度の「制限」でさえストレスを溜《た》め込む。ましてや、総理大臣が率先して「軍隊式」を全国民に強《し》いれば、非常に息苦しい雰囲気が社会を覆《おお》い、指導者への怨嗟《えんさ》・不満は高まるばかりだろう。

過度な緊張を強いて社会に歪《ゆが》みを作ったのは、「陸軍で体得した戦略方式をそのまま」持ち込んだ東條の見識の狭さであり、むしろこのような時こそ国民に息抜きを与え、余裕を作り出せなかった東條の人間としての限界であろう。

「明治のシステム」の設計者

では、この東條の個人的資質に敗戦の主因を求めうるかと言えば、これもまた違うだろう。東條のみならず、昭和（戦前）の指導者を苦しめたのは、その多くが「明治のシステム」だった。

このシステムを作ったのは、言うまでもなく旧徳川政権を打倒した薩長藩閥政府である。初代総理大臣の伊藤博文（長州）以降、黒田清隆《くろだきよたか》（薩摩）、山県有朋（長州）、松方正義《まつかたまさよし》（薩摩）、桂太郎（長州）、山本権兵衛（薩摩）、寺内正毅（長州）など、間に大隈重信《おおくましげのぶ》（肥前《ひぜん》）と西園寺公望《さいおんじきんもち》（公家）を挟《はさ》みつつ、薩長系、特に山県に代表される長州閥が大きく政治を動かした。

藩閥政府内でも、争いはあった。江藤新平《えとうしんぺい》、西郷隆盛ら反主流派は、明治初期に政府から出て反乱を起こし、討伐される。そして、政府内で独裁者的地位を占めた大久保利通もまもなく暗殺され、必然的に世代交代がなされた。

しかし、藩閥政治は「次世代」に受け継がれることはなかった。大久保・木戸孝允・山県・伊藤らは爵位を得て華族となり、子孫に受け継がれたが、権力までは譲ってはいない。

牧野伸顕（大久保の次男）のように宮内大臣や内大臣を務め、それなりの権力を得た者もいるが、彼らは親世代のように、地縁・血縁で権力中枢を固めることはなかった。

それはある意味、当然であったろう。山県・伊藤など維新第一世代は、「封建時代」すなわち「権力を世襲する」時代を否定し、出自に関係なく立身出世できる近代国家を目指したのだから。時代を切り開いた彼らは「元老」となり、政治の表舞台から降りたあとも、首相選考などに権力を振るった。これは「草創の臣」としての功績によるもので、世襲される地位ではなかった。

実際、昭和期（戦前）の総理大臣を見ても、長州藩（山口県）出身者は昭和二（一九二七）年四月組閣の田中義一《たなかぎいち》以降出ていないし、出身を「薩長土肥《さつちようどひ》」まで広げても、昭和四（一九二九）年七月に組閣した土佐藩《とさ》（高知県）出身の浜口雄幸《はまぐちおさち》を最後に出ていない。田中は陸軍時代に藩閥の恩恵を受けたが、浜口は自ら上り詰めたのであって、藩閥とはあまり関係がない。「藩閥の残滓《ざんし》」は田中と言えるだろう。

「薩の海軍・長の陸軍」と言われたように、長州閥の影響力が強かった陸軍も、昭和に入ると、その影響はほとんど見られなくなる。昭和十一（一九三六）年の二・二六事件後に陸相となった寺内寿一は、父・正毅が山県系かつ華族でもあるから藩閥と無関係ではないが、藩閥の力によって陸相になったのではない。

しかし、藩閥の実態が消えても、その幻影は残った。東條の長州閥への恨みは消えなかったようで、東條の陸大教官時に生徒だった稲田正純《いなだまさずみ》陸軍中将は戦後、「東条英機などは長州嫌いの最たるもの」と評している（稲田正純『稲田正純氏談話速記録』）。

その「長州嫌いの最たるもの」東條も、長州藩出身者が作ったシステムのなかで出世し、ついには総理大臣と陸軍大臣を兼ねたまま参謀総長を兼ねるという、山県有朋ですらなし得なかった、権力の集中を強行した。システムを破壊するでも改良するでもなく、そのなかで権力の頂点に到達したのだ。

山県有朋の真の意図

明治十一（一八七八）年、陸軍そして山県有朋を震撼《しんかん》させる事件が起きた。いわゆる、竹橋《たけばし》事件である。西南戦争の恩賞に不満を持った近衛砲兵大隊の兵士が反乱を起こした、この事件は数時間後には鎮圧されたが、権威・権力の象徴である天皇および宮城《きゅうじょう》を守る近衛兵が反逆した意味は大きかった。

竹橋事件がきっかけとなって頒布《はんぷ》されたのが「軍人訓戒」であり、それは明治十五（一八八二）年一月四日に大元帥・明治天皇によって下賜された「軍人勅諭（正式名称・陸海軍軍人に賜はりたる敕諭）」へと至る。有名なのは、次の一節だろう。

世論に惑《まど》わず政治に拘《かかわ》らず只々《ただただ》一途に己《おの》が本分の忠節を守り義は山嶽《さんがく》よりも重く死は鴻毛《こうもう》よりも軽しと覚悟せよ

（「軍人勅諭」）

軍人が外部の影響を受けることを戒《いまし》め、政治から切り離そうとしたのだ。しかし、勅諭発出の中心人物である山県自身はこれとはほど遠い身の処し方をし、軍のみならず政官に巨大な派閥を築いた。

明治十八（一八八五）年十二月、第一次伊藤博文（山県より三歳下）内閣が誕生すると、山県は内務大臣に就任している。警察や地方自治を司る内務省は絶大な権限を有したが、ここも長州閥、というより山県の勢力圏となった。

伊藤内閣下で山県が主導したことの一つが、「保安条例」である。明治二十（一八八七）年十二月に公布された同法は、結社や集会を制限し、「危険人物」は皇居から三里（約一二キロメートル）外に追放するなど、言論弾圧法である。内務省警保局長の清浦圭吾《きようらけいご》、警視総監の三島通庸《みしまみちつね》らは公布に躊躇したが、山県は強行する（岡義武『山県有朋』）。

この前年（明治十九）夏頃から、一時低調だった自由民権運動は、星亨《ほしとおる》の自由・改進両党合併工作によって大同団結運動《だいどうだんけつ》（小異を捨てて大同に就《つ》く）として盛り上がりを見せ、のちに「憲政の神様」と呼ばれる尾崎行雄《おざきゆきお》も、後藤象二郎《ごとうしょうじろう》を担いで、これに加わった（林茂・辻清明編『日本内閣史録1』）。保安条例はこの運動を弾圧するために作られたのだ。そして、星・尾崎など六〇〇人近くが追放された。

山県は民衆を信用せず、政党政治にも懐疑的だった。だから、国会開設に反対したのだ。他の藩閥勢力も同様である。彼らは自由民権運動を国家にとって危《あや》ういものと見なし、自分たち（藩閥）でなければ、国家を維持することはできないと考えていた節がある。つまり、自らの権力を保持する意図だけでなく、自分たちでなければ日本はやっていけないという使命感があったのだ（岡『山県有朋』）。その思いは、とりわけ山県に強かったのだろう。

皮肉なことに、東條にも同様の傾向が見られる。東條は昭和十八（一九四三）年九月二十三日の夕食の折、秘書官たちに次のように話している。

国民の大多数は灰色である。一部少数の者がとかく批判的言動を弄《ろう》するものである。そこで国民を率いてゆく者としては、此《こ》の大多数の灰色の国民をしっかり摑《つか》んでぐんぐんひきずってゆくことが大切である。大多数の灰色は指導者が白と言えば又《また》右と言えばその通りに付いてくる。

（伊藤ら『東條内閣総理大臣機密記録』）

東條は、国民は指導者の意向次第でどうにでもなると思っていた。悪意はないかもしれないが、東條にとって国民とは主体的意思を持った存在ではなく、指導・鞭撻《べんたつ》すべきものだった。これは、山県と東條の考えが偶然似通ったのではなく、山県らの考えが陸軍に浸透し、それが東條にまでつながったと考えるべきだろう。

統帥権は問題ではない⁉

山県は、その生涯において二度組閣している。一度目は黒田清隆のあとを受けた第三代総理大臣として（明治二十二年十二月二十四日〜同二十四年五月六日）、二度目は第九代として（明治三十一年十一月八日〜三十三年十月十九日）、である。

第一次山県内閣において発布されたのが、「教育勅語」である。その起草者・井上毅《いのうえこわし》に対して、山県は末尾に「一国の独立維持は陸海軍の軍備に依存するものである」旨を追加するよう頼んだという（岡『山県有朋』）。結局、山県の案は採用されなかったが、山県の軍事優先の考えをうかがい知ることができる。

第二次山県内閣で制定されたのが、軍部大臣現役武官制である。同制度は、昭和に入ると大きな影響をおよぼした。

大日本帝国憲法の第十一条には、「天皇大権」の一つとして「天皇は陸海軍を統帥す」と記されている。同憲法の起草者の一人である伊藤博文の著書（実際は井上毅の執筆）『憲《けん》法義解《ぼうぎげ》』は、同憲法と皇室典範の逐条解説書だが、統帥大権について次の説明がなされている。

恭《つつしみ》て按《あん》ずるに、太祖《たいそ》実に神武《じんむ》〔天皇〕を以《もつ》て帝国を肇造《ちようぞう》し、物部《もののべ》・靫負部《ゆげいべ》・来目《くめ》部《べ》を統率し、嗣後《しご》歴代の天子《てんし》〔天皇〕内外事《こと》あれば自ら元戎《げんじゅう》を帥《ひき》い、征討の労を親《みずか》らし……天武《てんむ》天皇兵政官長《つわもののつかさのかみ》を置き、文武《もんむ》天皇大に軍令を修め、三軍を総《す》ぶるごとに大将軍一人あり。……その後兵柄《へいへい》一たび武門に帰して政綱《せいこう》従《したがい》て衰えたり。今上〔明治天皇〕中興の初、親征の詔《みことのり》を発し、大権を総攬《そうらん》し、爾来《じらい》兵制を釐革《りかく》し、積弊を洗除し、帷幕《いばく》の本部を設け、自ら陸海軍を総べたまう。而《しこう》して祖宗の耿光《こうこう》遺烈《いれつ》再びその旧に復することを得たり。本条は兵馬の統一は至尊《しそん》〔天皇〕の大権にして、専《もっぱ》ら帷幄《いあく》の大令に属することを示すなり。（伊藤博文著、宮沢俊義校註『憲法義解』）

つまり、「統帥大権」は古《いにしえ》の時代に天皇が軍を率いたことに由来する。その後、歴史の進展のなかで武家に奪われた「兵馬の権」は、明治天皇に至って取り戻し、再び天皇が軍を率いることになった――というのだ。

この点について、「天皇機関説」で知られる美濃部達吉《みのべたつきち》東京帝国大学教授は――軍令権は一般の国務とは区別される。すなわち、一般の国務は大臣の輔弼《ほひつ》を必要とするが、軍の統率は天皇が行ない、国務大臣は責任を負わない。その軍令権の輔弼機関としてあるのが、陸軍は参謀本部、海軍は軍令部である――と述べている（美濃部達吉『憲法講話』）。

後年、「統帥権干犯《かんぱん》」の根拠として問題視されたのが、大日本帝国憲法第十二条の「天皇は陸海軍の編制及《および》常備兵額を定む」である。『憲法義解』では、次のように説明している。


軍隊艦隊の編制および管区《かんく》方面より兵器の備用《びよう》、給与、軍人の教育、検閲、紀律《きりつ》、礼式、服制、衛戍《えいじゅ》、城塞《じょうさい》、および海防、守港ならびに出師《すいし》準備の類、皆その中に在《あ》るなり。（伊藤『憲法義解』）

これが、ロンドン海軍軍縮条約が調印された際に条約反対派に拡大解釈され、軍令部の意向を無視して条約を結んだ政府（浜口雄幸内閣）に対して、「統帥権干犯」という批判となった（畑野勇「ロンドン海軍軍縮条約と宮中・政党・海軍」）。

東條もまた「兵馬の大権」が神聖であることに疑いを持っていなかっただろう。そして総理大臣として戦争を指導するにあたり、はじめてその弊害に気がついたのである。その結果としての参謀総長兼任だった。

大日本帝国憲法は明治二十二（一八八九）年二月十一日に公布、同二十三（一八九〇）年十一月二十九日に施行された。その後、日本は日清戦争と日露戦争で勝利を収めた。ちなみに、軍部大臣現役武官制が定められたのは、日露戦争前の明治三十三（一九〇〇）年である。

このことからもわかるように、大日本帝国憲法で定められた統帥権と軍部大臣現役武官制は、戦争遂行の足を引っ張ってはいない。では、なぜ明治に作られたシステムはその時ではなく、昭和になって日本を苦しめることになったのだろうか。

藩閥の功罪

大正七（一九一八）年九月、原敬《はらたかし》が第十九代総理大臣に就任した。はじめての非藩閥出身（原は盛岡藩士の家系）の宰相である。前述の通り、それまでの総理大臣は薩摩藩出身もしくは長州藩出身であり、二人の例外、すなわち大隈重信は佐賀藩（肥前）出身、西園寺公望は討幕派の公家だった。

「藩閥」が明治政府で強い影響力を持ったことはまちがいないが、それでは能力を無視して地縁・血縁だけで政府や軍の要職を占めたのだろうか。むろん、それは違う。彼らは「藩閥」と呼ばれる集団で権力中枢を形成し、出身地による人事を行なった。しかし、能力があれば非藩閥でも引き上げている。

たとえば、旧幕臣として最後まで抵抗した榎本武揚《えのもとたけあき》は海軍卿・逓信大臣・文部大臣・外務大臣を歴任し、子爵にまでなっている。同じく幕臣の大鳥圭介《おおとりけいすけ》は駐清公使、枢密顧問官を歴任し、男爵を受爵している。また、東條の父・英教の陸大同期の秋山好古は旧幕府側の伊予松山《いよまつやま》藩出身だが、陸軍三長官の一つ教育総監に就任し、陸軍大将に上り詰めた。

藩閥という存在も弊害ばかりとは言えなかった。明治日本最大の難関だった日露戦争を例に取れば、首相・桂太郎、陸相・寺内正毅、海相・山本権兵衛、参謀総長・山県有朋、満州軍総司令官・大山巌《おおやまいわお》、同総参謀長・児玉源太郎、連合艦隊司令長官・東郷平八郎《とうごうへいはちろう》など、戦争に直接関与する陸海軍トップの多くは薩長閥である。

そして、ギリギリではあったが、日本はロシアに勝利した。もし藩閥が国家に害しかもたらさないのであれば、この結果はあり得なかっただろう。では、藩閥はどのような

「利」をもたらしたのか。

大山巌は日本を発《た》つ前、政治と軍事の一致、すなわち軍事的勝利を政治的勝利（講和条約の締結）につなげるよう、唱えていた。児玉源太郎は奉天《ほうてん》会戦でロシア軍に勝利を収めた直後に一時帰国し、山県有朋参謀総長・伊藤博文枢密院議長・小村寿太郎外相らの間を回って、戦争終結の意見をまとめあげている（長南政義『児玉源太郎』）。

このように、政府・軍が目的意識を共有できたのは、もちろん児玉などの優れた人物の個人的能力によるところが大きいが、政府・軍が藩閥という均質の集団から成り立っていたことも大いに関係がある。

藩閥の内実を詳しく見れば、彼らは同じ領主に仕え、また吉田松陰の松下村塾《しょうかそんじゅく》に学んだ山県・伊藤のように、思想面でも共通する部分があった。時は封建時代であり、移動手段や情報通信が現代とは比較にならないほど劣っていた環境下、「地縁」の強さは格別なものがあっただろう。

さらに、藩閥を構成するメンバーが「倒幕」という戦争体験を持っていたことも大きい。直接戦闘に参加せずとも、同じ陣営に属して一つの戦争を戦い抜いたのである。

このように、藩閥が意思疎通や目的の共有に非常に有利に働いたことがわかる。山県と伊藤はさまざまな点で対立していたが、大きな危機に直面した時には共同歩調を取ったし、メンバー各自が持っている共通体験から、説得や周旋もしやすかったろう。国家が大きな危機に直面した際、指導者間に共有することが多ければ、政軍の連携がしやすかったことは容易に想像がつく。

そして、おたがいよく知っている仲であれば、その能力や向いている職務なども理解していただろう。「狭い範囲の同志」であればこそ、人材の見きわめも登用も、「試験の点数」以外の部分でできたのだ。

明治期は、後年ほど文武《ぶんぶ》の境《さかい》が厳格ではなかった。たとえば、大久保利通は明治七(一八七四)年の佐賀の乱に際して、軍事指揮権と司法権を一手に握り、反乱を鎮圧。首魁《しゅかい》の江藤新平を斬首に処した。

伊藤博文も大久保ほどではなかったにせよ、首相時代に起きた日清戦争では大本営に列席し、積極的に軍事について発言している。伊藤は日露戦争後に初代韓国統監となるが、駐留軍の指揮権まで要求し、反対する軍を押し切ってこれを実現している。これらは藩閥指導者の多くが武士階級の出身であり、「しかも幕末維新の戦乱をくぐりぬけた」経験があったことが大きい（北岡伸一『官僚制としての日本陸軍』）。

気づかれなかった過ち

重要なことは、陸軍であれ海軍であれ、大日本帝国憲法であれ軍部大臣現役武官制であれ、これら「明治のシステム」を作ったのはすべて藩閥だったことだ。彼らは、「どのような国家をつくるか」からかかわった、制度の設計者だった。その影響力は、それぞれの組織で絶大なものがあったろう。

彼らからすれば、それらの制度は「自分たちが作ったもの」であり、後年のように「神聖なもの」とされたわけではない。

軍部大臣現役武官制も、本来の役割は軍が政治に介入するためのものではなく、「政治から軍を守る」という、まったく逆の目的で制定されたものだった。山県も、軍部によって政党を支配することまでは意図していなかっただろう。

統帥権とて同じことで、起草者の伊藤らが政党政治を圧迫するために大日本帝国憲法の

第十一条、十二条を作ったわけではない。

藩閥のメンバーたちは、制度や法律が「自分たちが作ったもの」である以上、過度に神聖視したり、運用に関して硬直した考えを持ったりすることはなかった。憲法の起草者かつ内閣制度の初代として伊藤博文以上の、徴兵制実施の主導者で奇兵隊時代から戦場経験がある山県以上の権威者は存在しなかったのである。

「神聖」とされた天皇の存在そのものすら、「大日本帝国の統治者」に据えたのは藩閥だった。これは、彼らが天皇を軽視していたということではなく、その立場が弱い頃から間《ま》近《ぢか》に見て、共に明治という時代をつくりあげてきたという、ある種の「戦友」意識があったと見るべきであろう。

それゆえに、彼らは天皇とそれに関するものを最大限、神聖な言葉で装飾して国家の基本に置きながらも、過度の敬意で迎えることはなかった。そして、彼らは自分たちがつくりあげた国家の大きな問題点に気づかないまま、大国の仲間入りをはたした祖国の姿を見届けて、次々と去っていった。

大日本帝国の限界

では、これら「明治のシステム」はいつから硬直化したのか。また、問題点を修正できなかったのだろうか。

昭和期でも、第一次近衛文麿内閣では陸相の杉山元を更迭し、新たに板垣征四郎を据えるのに成功している。昭和十三（一九三八）年六月のことだ。この時は、軍が政府に従わざるを得なかったのである。人と状況に恵まれれば、このようなことも可能だった。

と同時に、「人によって制度の運用に硬軟がある」ことになると、人を得なければ悪い結果を生むことになる。特に、政府と軍の関係が人によって（多少ではなく）大きく変わってしまうとすれば、それは近代国家にとってマイナス面のほうが大きい。

そして、「天皇」という最高の権威と直接結びつけられている以上、その輔弼機関は他の介入を拒《こば》むことになり、目的意識の共有は困難になる。「天皇大権」は天皇に直属する権力だが、天皇が直接行使するのではなく、それぞれ「大権代行機関」とも言うべき組織がその権力を執行する。これらは基本的に並列であり、上下関係ではない。

東條は、戦時中に「統帥を国政に従わせる」必要性を感じ、参謀総長を兼任した。しかし、それは政治と軍事を統一するのではなく、単に東條の仕事を増やしただけに終わってしまった。本来あり得べき「統一」とは、「上下関係をはっきりする」ことにほかならないが、それには、おそらく憲法を変える必要があり、戦時中でもあり、参謀総長の兼任すらすんなりといかなかった状況では難しかったろう。

理想としては、総理大臣が軍部含めた閣僚の罷免権を持ち、最高権威である天皇の下に最高権力の総理大臣が位置する必要があった。

山県・伊藤の時代であれば可能だったであろう「明治のシステム」の修正は、彼ら亡きあと、特に「天皇と結びつけられた神聖なるもの」となった昭和以降では、不可能となってしまった。東條が取った手段は、できる範囲での最大の措置だったかもしれないが、その程度の修正では、もはや日本の軌道を正すことはできなかったのである。

おわりに――スガモプリズンの痕跡

東京の代表的な繁華街、池袋《いけぶくろ》。そのランドマークであるサンシャイン60は、アパレルのテナントや飲食店、水族館、展望台などを備え、開業以来多くの人に親しまれてきた。しかし、ここがかつて「巣鴨《すがも》拘置所（スガモプリズン）」であったことを知る人はどれほどいるだろうか。

わずかな名残りは、隣接する池袋東中央公園の一角にある。公園は木々に囲まれ、周囲からは隔《へだ》てられている。道向こうには女性向けサブカルショップがあり、「池袋乙女ロード」などと呼ばれているらしい。筆者が訪れた時は、コスプレ撮影会のイベントが行なわれており、人々が思い思いのキャラクターに扮《ふん》し、にぎやかな雰囲気だった。

にもかかわらず、公園の一角は静かで、一抹《いちまつ》の寂《さび》しさすら漂《ただよ》っている。ずんぐりとした石碑の表面には「永久平和を願って」と刻まれ、ここがスガモプリズンが存在した場所、東條英機らが「A級戦犯」の烙印《らくいん》を押されてその生涯を終えた場所であることを静かに示している。連合国の手によって、東條らの処刑が行なわれたのは昭和二十三（一九四八）年十二月二十三日、当時の皇太子（現・明仁上皇）の誕生日だった。
首相退任後の東條について、すこしだけ触れておきたい。片倉衷《かたくらただし》陸軍少将は敗戦まもない頃、用賀の東條宅を訪れている。片倉は、東條と同じく永田鉄山に近い軍人である。東條が話したのは、戦後の身の処し方だった。

自分は裁判にでも何処《どこ》でも行って、堂々と所信を述べるつもりである。天皇陛下には絶対御迷惑をかけたくない。戦争に対する全責任は自分が執《と》るためにも敢《あ》えて、この道を選んだ。しかし、連合軍がなすべき道を履《ふ》まず、不当な処置（捕虜の取扱いをする等）をとる場合は、自分は自ら処するの覚悟がある。
（片倉衷『片倉参謀の証言 叛乱と鎮圧』）

東條はこの言葉通りのことをした。昭和二十（一九四五）年九月十一日になんの前触れもなく連合軍兵士が自身を逮捕に訪れた時に、心臓を撃《う》ち抜いて自決を図《はか》った。しかし、弾丸《だんがん》は心臓を外れ、皮肉なことに米軍兵士の輸血など救命措置が功を奏して一命をとりとめる。からくも生き残った東條は片倉に告げた通り、極東国際軍事裁判（東京裁判）に臨《のぞ》み、宣誓供述書において自らの、そして日本の立場をはっきりと主張した。

戦争が国際法上より見て正しき戦争であったか否《いな》かの問題と、敗戦の責任如何《いかん》との問題とは、明白に分別の出来る二つの異なった問題であります。第一の問題は外国との問題であり且《かつ》法律的性質の問題であります。私は最後まで此《こ》の戦争の目的は自衛戦であり、現時承認せられたる国際法には違反せぬ戦争なりと主張します。……第二の問題、即《すなわ》ち敗戦の責任については当時の総理大臣たりし私の責任であります。この意味に於《お》ける責任は私は之《これ》を受諾するのみならず真心より進んで之を負荷せんことを希望するものであります。

（渡部昇一『東條英機　歴史の証言』）

「日本の戦争責任」という曖昧《あいまい》なものにははっきりと「ノー」を突きつけ、自らの「敗戦の責任」については同じぐらいはっきりと認めた供述は堂々として、かつての「カミソリ東條」を彷彿《ほうふつ》とさせる。東京裁判の全審理を法廷係として傍聴した冨士信夫《ふじのぶお》元海軍少佐は、ジョセフ・キーナン検事とやり合った東條の印象を次のように述べている。

本裁判の性格から見て、裁判終了後自己の生命が長らえる事は万に一つも考えていなかったであろう東條被告は、自らの全責任において、全力を揮《ふる》って検察側の全訴追に真向《まっこう》から立ち向かったというのが、東條証言を聞いた私の印象である。

（冨士信夫『私の見た東京裁判　下』）

かくて東條は東京裁判において、その能力を遺憾なく発揮し、「戦犯」の中心人物として予想通り死刑判決を受けた。裁判そのものへの評価、欠陥についてはすでに多く論じられており、また本書の役割とも違うのでここでは述べない。

ただ、東條の最期《さいご》を示す石碑の前に立つ時、近代化のなかで敗者の立場から、勝者が作った「明治のシステム」のなかで頂点に立ち、そのシステムの欠陥を必死に是正しようとした東條英機という人物に、おこがましいと言えばおこがましいが、一片の同情が湧かずにはいられないのである。

東條英機・略年譜

西暦（年号）	年齢	事項
1884（明治17）	1	東條英教の三男として東京に誕生
1899（明治32）	16	東京陸軍地方幼年学校入学（３期）
1902（明治35）	19	陸軍中央幼年学校入学
1904（明治37）	21	陸軍士官学校入学（17期）
1905（明治38）	22	陸軍士官学校卒業。陸軍歩兵少尉に任官
1907（明治40）	24	陸軍歩兵中尉に進級
1909（明治42）	26	かつ子と結婚
1911（明治44）	28	長男・英隆誕生
1912（大正元）	29	陸軍大学校入学（27期）
1914（大正３）	31	次男・輝雄誕生
1915（大正４）	32	陸軍歩兵大尉に進級。陸軍大学校卒業
1916（大正５）	33	陸軍省副官
1918（大正７）	35	長女・光枝誕生
1919（大正８）	36	スイス駐在武官
1920（大正９）	37	陸軍歩兵少佐に進級
1921（大正10）	38	ドイツ駐在武官
1922（大正11）	39	陸軍大学校教官
1923（大正12）	40	次女・満喜枝誕生
1924（大正13）	41	陸軍歩兵中佐に進級
1925（大正14）	42	三男・敏夫誕生
1928（昭和３）	45	陸軍省整備局動員課長。陸軍歩兵大佐に進級
1929（昭和４）	46	歩兵第一連隊長。三女・幸枝誕生
1931（昭和６）	48	参謀本部編制動員課長
1932（昭和７）	49	四女・君枝誕生
1933（昭和８）	50	陸軍少将に進級。陸軍省軍事調査部長
1934（昭和９）	51	陸軍士官学校幹事。歩兵第24旅団長
1935（昭和10）	52	関東憲兵隊司令官兼関東局警務部長
1936（昭和11）	53	陸軍中将に進級
1937（昭和12）	54	関東軍参謀長
1938（昭和13）	55	陸軍次官。陸軍航空総監兼航空本部長
1940（昭和15）	57	陸軍大臣（第２次近衛内閣）
1941（昭和16）	58	陸軍大臣（第３次近衛内閣）。総理大臣兼陸軍大臣兼内務大臣。陸軍大将に進級
1942（昭和17）	59	外務大臣兼任
1943（昭和18）	60	文部大臣兼任。商工大臣兼任。軍需大臣兼任
1944（昭和19）	61	参謀総長兼任。内閣総辞職。予備役に編入
1945（昭和20）	62	自決を図るも失敗
1946（昭和21）	63	極東国際軍事裁判にてＡ級戦犯として起訴
1947（昭和22）	64	宣誓供述書の作成
1948（昭和23）	65	絞首刑判決。巣鴨にて刑死

参考文献

未刊行史料（防衛省防衛研究所戦史研究センター史料室蔵）

甲谷悦雄「甲谷悦雄大佐日誌　其2」一九四三年
佐藤賢了「佐藤賢了中将手記」一九五七年
真田穣一郎「太平洋戦争における戦争指導について（含南東方面作戦メモ摘要及補遺）」一九五六年
冨永恭次「冨永恭次回想録　その2（大東亜戦争間陸軍人事明暗秘史）」一九五六年
福重博「真田日記翻訳」一九七四年
森安靖一「浅原事件について」一九六〇年

書籍

赤松貞雄『東條秘書官機密日誌』文藝春秋　一九八五年
池田純久『日本の曲り角』千城出版　一九六八年
伊藤隆編『斎藤隆夫日記　下』中央公論新社　二〇〇九年
伊藤隆・野村実編『海軍大将　小林躋造覚書』山川出版社　一九八一年
伊藤隆・廣橋眞光・片島紀男編『東條内閣総理大臣機密記録』東京大学出版会　一九九〇年

参考文献

伊藤隆・渡邊行男編『重光葵手記』中央公論社 一九八六年
伊藤隆・劉傑編『石射猪太郎日記』中央公論社 一九九三年
伊藤隆監修、百瀬孝著『事典 昭和戦前期の日本 制度と実態』吉川弘文館 一九九〇年
伊藤博文著、宮沢俊義校註『憲法義解』岩波書店 二〇一九年
伊藤正徳『帝国陸軍の最後 2決戦篇』光人社 一九九八年
伊藤正徳『帝国陸軍の最後 3死闘篇』光人社 一九九八年
稲田正純『稲田正純氏談話速記録』日本近代史料研究会 一九六九年
稲葉正夫解説『現代史資料(37) 大本営』みすず書房 一九六七年
今村均『私記・一軍人六十年の哀歓』芙蓉書房 一九七〇年
井本熊男『作戦日誌で綴る大東亜戦争』芙蓉書房 一九七九年
W・J・ホルムズ著、妹尾作太男訳『太平洋暗号戦史』朝日ソノラマ 一九八五年
W・S・チャーチル著、佐藤亮一訳『第二次世界大戦3』河出書房新社 二〇〇一年
宇垣一成『宇垣一成日記3』みすず書房 一九七一年
宇垣纏『戦藻録』原書房 一九六八年
鵜崎熊吉『薩の海軍・長の陸軍』政教社 一九一一年
宇野俊一校注『桂太郎自伝』平凡社 一九九三年

楳本捨三『東條英機とその時代』宮川書房 一九六八年
江藤淳監修、栗原健・波多野澄雄編『終戦工作の記録[上]』講談社 一九八六年
遠藤三郎『日中十五年戦争と私』日中書林 一九七四年
大井篤『海上護衛戦』朝日ソノラマ 一九九二年
大木操『大木日記 終戦時の帝国議会』朝日新聞社 一九六九年
大谷敬二郎『昭和憲兵史』みすず書房 一九七九年
岡義武『山県有朋』岩波書店 一九五八年
岡田貞寛編『岡田啓介回顧録』毎日新聞社 一九七七年
緒方竹虎『人間中野正剛』中央公論社 一九八八年
加瀬俊一・有末精三・賀屋興宣・勝間田清一・後藤隆之助・細川護貞『語りつぐ昭和史3』朝日新聞社 一九七六年
片倉衷『片倉参謀の証言 叛乱と鎮圧』芙蓉書房 一九八一年
川田稔編『近衛文麿と日米開戦』祥伝社 二〇一九年
岸信介・矢次一夫・伊藤隆『岸信介の回想』文藝春秋 二〇一四年
北岡伸一『官僚制としての日本陸軍』筑摩書房 二〇一二年
木戸幸一『木戸幸一日記 下巻』東京大学出版会 一九六六年

木戸日記研究会編『木戸幸一関係文書』東京大学出版会 一九六六年
軍事史学会編『大本営陸軍部戦争指導班 機密戦争日誌 下』錦正社 二〇〇八年
軍事史学会編、黒沢文貴・相澤淳監修『海軍大将嶋田繁太郎備忘録・日記Ⅰ』錦正社 二〇一七年
黒崎貞明『恋闕』日本工業新聞 一九八〇年
黒田甲子郎編『元帥寺内伯爵伝』元帥寺内伯爵伝記編纂所 一九二〇年
児島襄『太平洋戦争』(上)・(下) 中央公論社 一九七四年
近衛文麿『最後の御前会議／戦後欧米見聞録』中央公論新社 二〇一五年
小山俊樹『五・一五事件』中央公論新社 二〇二〇年
迫水久常『大日本帝国最後の四か月』オリエント書房 一九七三年
佐藤賢了『軍務局長の賭け』芙蓉書房 一九八五年
参謀本部編『杉山メモ[上]』原書房 一九八九年
重光葵『昭和の動乱 下』中央公論新社 二〇〇一年
勝田龍夫『重臣たちの昭和史 下』文藝春秋 一九八四年
杉田一次『情報なき戦争指導』原書房 一九八七年
全国憲友会連合会編纂委員会編『日本憲兵正史』全国憲友会連合会本部 一九七六年
田浦雅徳・古川隆久・武部健一編『武部六蔵日記』芙蓉書房出版 一九九九年

高木惣吉『太平洋海戦史〔改訂版〕』岩波書店 一九五九年
高木惣吉『高木海軍少将覚え書』毎日新聞社 一九七九年
高木惣吉『自伝的日本海軍始末記』光人社 一九九五年
高木惣吉写稿、実松譲編『海軍大将米内光政覚書』光人社 一九八八年
高松宮宣仁親王『高松宮日記』第五巻・第七巻 中央公論社 一九九六・一九九七年
高宮太平『昭和の将帥』図書出版社 一九七三年
高山信武『参謀本部作戦課 新版』芙蓉書房 一九八五年
多田井喜生『決断した男 木戸幸一の昭和』文藝春秋 二〇〇〇年
田々宮英太郎『中野正剛』新人物往来社 一九七五年
田中新一著、松下芳男編『作戦部長、東條ヲ罵倒ス』芙蓉書房 一九八六年
長南政義『児玉源太郎』作品社 二〇一九年
塚本誠『ある情報将校の記録』中央公論社 一九九八年
辻政信『ガダルカナル』毎日ワンズ 二〇〇八年
筒井清忠『近衛文麿』岩波書店 二〇〇九年
寺崎英成、マリコ・テラサキ・ミラー編著『昭和天皇独白録 寺崎英成・御用掛日記』文藝春秋 一九九一年
テレビ東京編『証言・私の昭和史3 太平洋戦争前期』文藝春秋 一九八九年

テレビ東京編『証言・私の昭和史4　太平洋戦争後期』文藝春秋　一九八九年
東條英機刊行会・上法快男編『東條英機』芙蓉書房　一九七四年
徳富猪一郎『陸軍大将　川上操六』第一公論社　一九四二年
冨永謙吾『大本営発表の真相史』中央公論新社　二〇一七年
中澤佑刊行会編『海軍中将　中澤佑』原書房　一九七九年
中谷武世『戦時議会史』民族と政治社　一九七四年
中原茂敏『国力なき戦争指導』原書房　一九八九年
中村菊男編『昭和陸軍秘史』番町書房　一九六八年
中村菊男編『昭和海軍秘史』番町書房　一九六九年
中山定義『一海軍士官の回想』毎日新聞社　一九八一年
額田坦『陸軍省人事局長の回想』芙蓉書房　一九七七年
秦郁彦『昭和史の軍人たち』文藝春秋　一九八二年
秦郁彦『統帥権と帝国陸海軍の時代』平凡社　二〇〇六年
服部卓四郎『大東亜戦争全史』原書房　一九六五年
林三郎『太平洋戦争陸戦概史』岩波書店　一九五一年
林茂・辻清明編『日本内閣史録1』第一法規出版　一九八一年

冨士信夫『私の見た東京裁判 下』講談社 一九八八年
藤山愛一郎『政治わが道』朝日新聞出版 一九七六年
古川隆久『東条英機』山川出版社 二〇〇九年
防衛庁防衛研修所戦史室『戦史叢書 中部太平洋陸軍作戦〈1〉マリアナ玉砕まで』朝雲新聞社 一九六七年
防衛庁防衛研修所戦史室『戦史叢書 大本營陸軍部〈5〉昭和十七年十二月まで』朝雲新聞社 一九七三年
防衛庁防衛研修所戦史室『戦史叢書 大本營海軍部・聯合艦隊〈5〉第三段作戦中期』朝雲新聞社 一九七四年
保阪正康『東條英機と天皇の時代』筑摩書房 二〇〇五年
保阪正康『昭和の怪物 七つの謎』講談社 二〇一八年
保科善四郎『大東亜戦争秘史』原書房 一九七五年
細川護貞『細川日記(上)』中央公論社 一九七九年
堀栄三『大本営参謀の情報戦記』文藝春秋 一九九六年
松阪廣政伝刊行会編『松阪廣政伝』松阪廣政伝刊行会 一九六九年
松谷誠『大東亜戦争収拾の真相』芙蓉書房 一九八〇年
美濃部達吉『憲法講話』岩波書店 二〇一八年
森元治郎『ある終戦工作』中央公論社 一九八〇年
森松俊夫『大本営』教育社 一九八〇年

安井滄溟『陸海軍人物史論』博文館　一九一六年
矢次一夫『東條英機とその時代』三天書房　一九八〇年
矢次一夫『天皇・嵐の中の五十年』原書房　一九八一年
矢部貞治『近衛文麿』読売新聞社　一九七六年
山本親雄『大本営海軍部』白金書房　一九七四年
横山臣平『秘録 石原莞爾 新版』芙蓉書房出版　一九九五年
吉田茂『回想十年 1』中央公論社　一九九八年
若槻禮次郎『明治・大正・昭和政界秘史』講談社　一九八三年
渡部昇一『東條英機 歴史の証言』祥伝社　二〇一〇年
ロバート・J・C・ビュートー著、木下秀夫訳『東條英機㊦』時事通信社　一九六一年

論考

一ノ瀬俊也「「総力戦」指導者としての東條英機」(『軍事史学』第55巻第1号)二〇一九年
伊藤隆「昭和一七〜二〇年の近衛−真崎グループ」(『年報 近代日本研究1 昭和期の軍部』)一九七九年
大澤博明「『征清用兵 隔壁聴談』と日清戦争研究」(『熊本法学』第122号)二〇一一年
柴田紳一「東条英機首相兼陸相の参謀総長兼任」(『國學院大學日本文化研究所紀要』第九十八輯)二〇〇六年

武田知巳「大東亜会議の意味」（筒井清忠編『昭和史講義2』）二〇一六年
照沼康孝「憲兵と特高の時代」（三宅正樹・秦郁彦・藤村道生・義井博編『第二次大戦と軍部独裁』）一九八三年
畑野勇「ロンドン海軍軍縮条約と宮中・政党・海軍」（筒井清忠編『昭和史講義』）二〇一五年

ウェブサイト

朝日新聞社　聞蔵Ⅱビジュアル　https://database.asahi.com/index.shtml
アジア歴史資料センター　https://www.jacar.go.jp/
国立公文書館　デジタルアーカイブ　https://www.digital.archives.go.jp/
戦史史料・戦史叢書検索　http://www.nids.mod.go.jp/military_history_search/CrossSearch
総務省ホームページ　https://www.soumu.go.jp/index.html
帝国議会会議録検索システム　https://teikokugikai-i.ndl.go.jp/#/

切りとり線

★読者のみなさまにお願い

この本をお読みになって、どんな感想をお持ちでしょうか。祥伝社のホームページから書評をお送りいただけたら、ありがたく存じます。今後の企画の参考にさせていただきます。また、次ページの原稿用紙を切り取り、左記まで郵送していただいても結構です。

お寄せいただいた書評は、ご了解のうえ新聞・雑誌などを通じて紹介させていただくこともあります。採用の場合は、特製図書カードを差しあげます。

なお、ご記入いただいたお名前、ご住所、ご連絡先等は、書評紹介の事前了解、謝礼のお届け以外の目的で利用することはありません。また、それらの情報を6カ月を越えて保管することもありません。

〒101-8701(お手紙は郵便番号だけで届きます)
祥伝社　新書編集部
電話03(3265)2310
祥伝社ブックレビュー　www.shodensha.co.jp/bookreview

★本書の購買動機(媒体名、あるいは○をつけてください)

＿＿＿＿新聞の広告を見て	＿＿＿＿誌の広告を見て	＿＿＿＿の書評を見て	＿＿＿＿の Web を見て	書店で見かけて	知人のすすめで

★100字書評……一九四四年の東條英機

名前

住所

年齢

職業

岩井秀一郎　いわい・しゅういちろう

歴史研究者。1986年、長野県生まれ。2011年、日本大学文理学部史学科卒業。以後、昭和史を中心とした歴史研究・調査を続けている。著書に、山本七平賞奨励賞を受賞した『多田駿伝——「日中和平」を模索し続けた陸軍大将の無念』、『渡辺錠太郎伝——二・二六事件で暗殺された「学者将軍」の非戦思想』（共に小学館）、『永田鉄山と昭和陸軍』（祥伝社新書）がある。

一九四四年《ねん》の東條英機《とうじようひでき》

岩井《いわい》秀一郎《しゅういちろう》

2020年10月10日　初版第１刷発行

発行者……………辻 浩明
発行所……………祥伝社しょうでんしゃ
〒101-8701　東京都千代田区神田神保町3-3
電話　03(3265)2081(販売部)
電話　03(3265)2310(編集部)
電話　03(3265)3622(業務部)
ホームページ　www.shodensha.co.jp

装丁者……………盛川和洋
印刷所……………萩原印刷
製本所……………ナショナル製本

Printed in Japan ISBN978-4-396-11612-5 C0221

〈祥伝社新書〉
近代史

377
条約で読む日本の近現代史
日米和親条約から日中友好条約まで、23の条約・同盟を再検証する
藤岡信勝 編著
自由主義史観研究会

411
大日本帝国の経済戦略
明治の日本は超高度成長だった。極東の小国を強国に押し上げた財政改革とは
ノンフィクション作家
武田知弘

472
帝国議会と日本人 なぜ、戦争を止められなかったのか
帝国議会議事録から歴史的事件・事象を抽出し、分析。戦前と戦後の奇妙な一致！
歴史研究家
小島英俊

357
物語 財閥の歴史
三井、三菱、住友をはじめとする現代日本経済のルーツを、ストーリーで読み解く
ノンフィクション作家
中野 明

448
東京大学第二工学部 なぜ、9年間で消えたのか
「戦犯学部」と呼ばれながらも、多くの経営者を輩出した〝幻の学部〟の実態
中野 明